村 千鶴子 ［著］

消費生活相談員のための
消費者3法 の基礎知識

消費者契約法・特定商取引法・割賦販売法

第2版

中央経済社

序　文

　都道府県や市町村には，消費生活センターなどの消費生活相談窓口が設置されています。相談窓口では，消費生活相談員が，消費者からの相談に対応し，消費者が陥っている状況に応じて被害を防止したり，トラブルを解決したりするための助言やあっせん（当事者の双方で話し合いによって解決するための調整のこと）をしています。

　こうした仕組みは，消費者基本法と消費者安全法に基づいて設置運営されているものです。その目的は，消費者と事業者との間の情報の質と量の格差や交渉力の格差などの是正をするための支援です。この点についてもう少し説明すると，消費者は，事業者が取り扱っている商品やサービス，契約などについての知識や情報を持っていないことが多く，情報を収集しようとしても事業者と同じ手段で収集することも同等の質や量の情報を収集することも難しい実情にあります。そこで，このような格差を是正するための行政支援として，全国のどの地域に住んでいても同じレベルの行政支援が得られるように，消費者安全法は，相談窓口の設置とそこで相談業務に従事する消費生活相談員の公的資格制度を設けています。

　消費生活相談に寄せられる消費者からの相談は，7割前後が契約問題で，そのうちの多くが訪問販売や通信販売などの特殊な販売方法によるものです。そのため，消費生活相談では，契約に関する基礎知識と契約に関する消費者法の基礎知識が必要不可欠となっています。契約に関する一般法は民法で，契約問題に関する相談に対応するためには民法の契約に関する基礎知識が必要ですが，消費生活相談に従事するうえでは，さらに消費者契約や特殊な販売方法による契約などを規制する法律の基礎知識があることが必要とされます。前者が消費者契約法，後者が特定商取引に関する法律（特定商取引法）です。さらに，支払手段としてクレジットを利用しているケースが多いため，クレジットに関する法律知識も基礎として求められます。このジャンルを規制する法律が割賦販

売法です。

　このように消費者契約法，特定商取引法，割賦販売法の三つの法律は，消費生活相談において，消費者から話を聞いたり資料を提供してもらって事実を確認するうえでも，事実関係を把握したうえで必要な助言やあっせんをするうえでも，基礎として求められるものです。

　現在では，それぞれの法律についての詳しい解説書が出版されてますから，個別の法律を勉強するための書籍類は充実しています。しかし，これらの法律は，いずれも難解な部分も少なくないので，いきなり，個別の法律を詳しく勉強するのは大変です。また，個々の法律の内容を知っているだけでは，実際の相談業務にあたるうえでは十分とは言えません。相談者である消費者は，法的知識がほとんどないことが普通で，「○○法の適用があるので，詳しく知りたい」などと相談してくるわけではありません。相談員が，丁寧に事実関係を聞くなどして把握し，契約関係や問題点を整理したうえで，活用できる法律を探し出して助言・あっせんをすることが求められます。

　このようなことから，消費者契約法，特定商取引法，割賦販売法の基本的な法律の関係と概要について学ぶことができる基本的な書籍が必要だと考えて，本書を出版することにしました。

　これから消費者契約トラブルに対処するための消費者法の勉強を始めようとする人や消費生活相談員を目指す人にご活用いただければと考えております。

　第2版では，2021年の特定商取引法の改正（部分的に2021年6月と2023年6月に分けて施行）及び2022年6月と12月の二回にわたる消費者契約法（前者は2023年6月施行，後者は2023年1月5日施行）を盛り込んで加除訂正をしました。今回の改定部分は各々施行日以降に締結された契約に適用される内容になっています。

　実務の参考になれば，幸いです。

　本書の刊行にあたっては，中央経済社の露本敦様に大変お世話になりました。感謝申し上げます。

　2024年1月

　　　　　　　　　　　　　　　　　　　　　村　千鶴子

■消費生活相談員のための
消費者3法の基礎知識（第2版）

目　次

Ⅲ　特定商取引法

Ⅳ　割賦販売法

Ⅰ

消費者3法の関係と仕組み

Q I-1　「消費者法」とは

消費者法とはどのような法律ですか。

 「消費者法」という名称の法律が特別にあるわけではありません。
消費者と事業者との間には様々な格差があるため，この格差を是正して公正な取引が行われること目的として定められた法律を「消費者法」と呼んでいます。消費者法には，分野ごとに様々な法律があります。

契約問題に関する消費者法として基本的なものは，消費者契約法・特定商取引法（正式名称は，特定商取引に関する法律）・割賦販売法です。

◆ 契約の基本を定めているのは民法

　消費者は，生活するうえで必要な商品やサービスを対価を支払って購入しています。対価を支払って商品を購入する取引のことを「売買契約」といいます。対価を支払ってサービスを購入する場合には，たとえば，工務店に依頼して家を建ててもらったり，リフォーム工事をしてもらう取引は，「請負契約」といいます。病気になって病院で治療してもらったり，エステティックサロンでエステサービスを受けたり，クリニックで美容医療を受けたりするのも契約で，「準委任契約」といいます。外国語会話教室や塾などの契約も，準委任契約です。

　これらの契約について，いつどのように契約が成立するのか，成立した契約はどのような法的効果を持つのか（成立した契約は，契約当事者双方が守る義務があるということ），いったん有効に成立した契約を一方的にやめることができるのか，それはどのような場合か，どのような方法によるのか，清算方法はどのようにすればよいのか，契約の一方当事者が契約を守らなかった場合にはどのような法的責任を負うのか，などの契約に関する基本的なルールを定めた法律を「民法」といいます。つまり，契約をめぐるトラブルが発生した場合には，原則として，民法の定めを当てはめることによって判断することになり

ます。

◆ 民法の前提と問題の所在

　上記のように民法は，すべての契約について，契約当事者が相互にどのような権利や義務を負っているのか，という責任分配ルールを定めています。契約問題で紛争が起こり，契約当事者間による話し合いでは解決がつかず，解決するために民事裁判を利用すると，裁判官は，証拠に基づいて何が起こったのか事実認定をしたうえで（民事裁判に関する手続きは，民事訴訟法に基づいて行われます），「こういう事実関係の場合には，民法のこの規定が当てはまる」と適用される規定を選び出します。そして，「こういう事実関係の場合に，この民法の規定を当てはめていくと，このような判断になる」と適用条文を当てはめて解釈して，責任関係がどうなるかの判断を判決で示すことになります。

　さて，では，民法の規定は，どのような考え方に基づいて定められているのかを考えてみましょう。民法の規定は，契約当事者の責任分配が公平かつ合理的であり，社会的な妥当性があり，取引社会がなるべくうまく発展するように，という考え方で定められています。わかりやすくいえば，契約当事者双方にとって公平な責任分配であるように，という視点に立っているわけです。

　ただし，「契約当事者双方にとって公平である」ためには，「契約当事者双方」がどのような人たちであるという前提が重要です。契約当事者双方の関係性のありようによって，「何が公平で合理的なのか」が異なってくるためです。具体的に言うと，契約当事者双方が完全に対等な者同士である場合と，大きな格差がある者同士とでは，「どのような考え方が公平か」が違ってくるのは当然のことだからです。

　実は，民法では，契約当事者は双方ともに完全に対等かつ平等で，経済的に合理的な判断で契約する者同士であることを前提としています。売り手と買い手があらゆる意味で完全に対等であれば，民法の規定による考え方は合理的であるといえます。しかし，その前提が崩れてしまうと，弱い立場の当事者にしわ寄せがされることになります。「情報を持っていなかったあなたの自業自得」「ハード交渉ができなかったあなたの自業自得」という結果になってしまいます。情報を持たないとか交渉力が弱いといった弱い立場にあることが，重い責

任を負わされる理由となるという矛盾が起こります。

◆ 消費者法の必要性

　契約当事者間に格差がある場合には，なるべく格差を是正して，格差により弱い立場にある人が公正で自主的な選択ができるように配慮する必要があります。このような視点から設けられた法律には，様々なものがあります。たとえば，借地借家法は，持ち家を持たない人のために住居の安定を確保することを一つの目的として定められた法律です。利息制限法は，金銭消費貸借に関して，借り手の弱い立場に配慮して，利息の上限に関して規制した法律です。そのほかにも，資本家や雇用主とは対等とは言えない労働者の権利を守るための労働法（労働基準法，労働契約法など）なども格差に着目した重要な法律です。

　このように格差を是正するために設けられた法律のうち，消費者が生活のために商品やサービスを購入する際の様々な格差を是正して，取引を適正化してトラブルを防止したり被害救済をしやすくしたりするために定められた法律をまとめて「消費者法」と呼んでいます。格差是正の対象となる「消費者」の概念は，法律ごとに違いがあります。また，メーカーの製造したものに欠陥があったために消費者が怪我をしたり死亡したり，財産を失うなどの損害を被った場合に救済しやすくするために定められた民法の不法行為法の特別法である製造物責任法も含まれます。

　このように，消費者法とは，消費者と事業者との間の様々な格差を是正することによって取引の適正化等による消費者被害の防止や救済を目的とする多様な法律を含むものといえば，イメージがしやすいのではないでしょうか。

◆ 格差是正の支援のための法律

　消費者法の中には，個別の契約の適正化や被害救済のための法律だけでなく，格差を是正するための消費者政策にかかわる法律もあります。消費者政策の基本理念などを定めた法律が「消費者基本法」です。消費者政策を目的とする行政機関である消費者庁や消費者委員会の設置や役割などについて定めた法律としては，「消費者庁設置法」や「消費者安全法」があります。

　消費者安全法に基づいて地方自治体では消費者と事業者との格差是正のため

の支援を行うために消費生活相談を行っています。

　また，消費者教育を推進するための「消費者教育の推進に関する法律」も重要な消費者法の一つです。

$\boxed{\text{QⅠ-2}}$ ## 消費者契約に関する法律

消費者契約に関する重要な法律には，どのような法律がありますか。

$\boxed{A}$ 消費者契約に関する法律としては，消費者契約法，特定商取引法，割賦販売法の三つの法律が基本的な法律として重要です。

◆ はじめに

　消費者と事業者との契約について考える場合に重要な法律は，民法，消費者契約法，特定商取引法（特定商取引に関する法律），割賦販売法が基本的な法律として重要です。

　このうち，民法は契約などに関する基本的な規定を定めたもので，民事法の一般法に当たります。

　消費者契約法，特定商取引法，割賦販売法は，特別法に当たります。これらは，消費者と事業者との契約について，取引を適正化したり被害救済をしやすくするための定めを設けており，重要な消費者法といえます。

　そのほか，取引の種類によって，様々な法律があります。たとえば，旅行契約であれば旅行業法，電子マネーや暗号資産であれば資金決済法，金融商品であれば金融商品取引法，保険であれば保険法や保険業法，消費者金融であれば貸金業法，不動産取引であれば宅地建物業法などは比較的消費者にとって身近な取引に関する法律といえるでしょう。

◆ 消費者契約法

　原則として，すべての消費者契約を対象として，格差を是正するための規定

を設けています。格差による消費者被害を防止したり救済するために，民法にはない制度を設けています。是正の仕組みは，①契約の勧誘の場面と②契約で定められた契約条項の是正の2ヵ所においての適正化になります。

◆ 特定商取引法

特定商取引法は，特殊な取引方法であるために消費者と事業者との格差がより拡大する結果，消費者被害が多発した取引を規制する法律です。

規制対象取引は，訪問販売，通信販売，電話勧誘販売，特定継続的役務提供，連鎖販売取引，業務提供誘引販売取引，訪問購入の7類型です。

特定商取引法で定められている制度で広く知られているものが，クーリング・オフ制度です。

◆ 割賦販売法

割賦販売法の中でもっとも重要な規定は，いわゆるクレジットに関するものです。クレジットは，大きく分けて，個別クレジット契約とクレジットカードがあります。個別クレジット契約は，近年では，スマホの端末を購入する場合などによく利用されています。

このようにクレジットカードや個別クレジット契約は，日常生活でごく当たり前に利用されているありふれたものですが，取引の仕組みが複雑です。個別クレジット契約を利用した場合には，消費者と個別クレジット会社と販売会社との三者間が契約にかかわることになります。クレジットカードを利用する場合には，消費者と販売業者のほかに，カード発行会社（イシュア，Issuer），加盟店管理をするカード会社（アクワイアラ，Acquirer），場合によっては複数の決済代行業者が関わってきます。○○ペイなどといわれるQR決済を利用すると，QR決済業者もかかわってきます。

たとえば，販売業者が商品の引渡しをしてくれない場合には，消費者はクレジットカード会社や個別クレジット会社への支払を拒否できるか，などが問題となります。民法では，消費者が販売業者と購入契約を結んだ場合に，販売業者が引渡期日になっても商品を引き渡してくれないときは，消費者は商品が引き渡されるまで支払を拒絶する権利があります（同時履行の抗弁，民法533条）。

クレジットカードを利用した場合には，消費者が支払う相手は販売業者ではなく，カード会社になります。個別クレジットであれば，クレジット会社に支払うことになります。そうすると，消費者としては，購入した商品が引き渡されない以上，カード会社やクレジット会社に支払いたくないと考えるのは当然のように思われます。しかし，契約を守らないのは販売会社であって，クレジット会社やカード会社ではありません。販売会社が契約を守らないからといって，当然に，販売業者ではないクレジット会社やカード会社への支払を拒否できるとはいえません。実は，民法による解釈では，「クレジット会社やカード会社に対する支払は拒絶できない」とするのが，裁判例や通説の考え方です。しかし，それは消費者からすれば，合理的な考え方とは言えないでしょう。そこで，このような特殊な問題などに対応するために割賦販売法で特別な規定や規制を定めているわけです。

QⅠ-3 　消費者３法の関係性

消費者契約法・特定商取引法・割賦販売法はどのような関係にありますか。法律がたくさんあると，個々の法律については勉強してわかったつもりになっても，実際のトラブルではどのようにたくさんの法律を活用できるのか，よくわかりません。

 消費者契約法・特定商取引法・割賦販売法の三つの法律の構造は，次頁の図Ⅰ－1のようなイメージになります。

◆ 消費者契約に関する三つの法律の構造

　消費者契約について考える場合に，基本的な法律として重要な消費者契約法，特定所取引法，割賦販売法の関係を図にすると**図表Ⅰ－1**のようなイメージになります。以下に簡単に説明しましょう。

〔図 I － 1〕

三階	特定商取引法	割賦販売法	
二階	消費者契約法＝消費者契約の民法の特別法		
土台	民法＝すべての契約の民事ルール		

◆ 土台（一階）部分の民法

　民法は，消費者法ではありませんが，契約などの民事ルールの基礎について定めた法律として，重要な法律です。消費者法で特別な定めが設けられていない場合の考え方は民法によることとなります。

　たとえば権利の主体である自然人と法人のこと，自然人の能力に関すること（未成年や成年後見制度などの制度も），契約成立と効果，契約を守らなかった場合の法的責任（＝債務不履行責任），取消しと無効の意味，契約の解除に関することなどは民法に規定されています。消費者契約法では，事業者が行った一定の不当な勧誘行為を理由に契約を取り消すことができる制度があります（取消制度）。しかし，消費者契約法には，「取り消すことができる」とはどういう意味か，取消しは誰ができるのか，どのような方法で行えばよいのか，などについては定めていません。消費者契約法で特に定めていないことは，民事ルールを定めた基本法である民法によるという意味です。

　このように消費者法を理解して活用するためには，消費者法だけを勉強して知っていれば良いわけではなく，前提として民法の基礎知識があることが必要です。

◆ 二階部分の消費者契約法

　消費者契約法は，完全な対等当事者間の契約を前提とした民法の規定を，格差がある消費者と事業者との契約の場合には，事業者が格差を是正する必要があるとの視点に立って修正した規定を設けた法律です。位置付けとしては，契約全体を対象にする民法が契約に関する一般法（＝土台）であるのに対して，消費者契約法は，消費者契約に限定して民法を修正しているという意味で，民

法の特別法に当たります。消費者契約法は，すべての消費者契約に適用がある一般法ということになります。

　消費者契約法が，格差是正の視点で設けている制度は大きく分けて二点あります。

　第一点は，契約の勧誘の段階での格差への配慮です。事業者が，格差の是正をせず，むしろ格差に付け込んで契約をさせた場合には消費者は契約を取り消すことができる制度を設けています。

　第二点は，契約した場合の契約条項の効果に関する規定です。民法では，契約した場合の契約の内容については（これが契約条項に当たります），原則として有効であり，契約当事者双方が守る義務があるとしています。しかし，格差のある者同士では対等な立場で合理的な取決めをすることが難しい場合があることから，契約条項があまりにも一方的なもので消費者に著しく不当な内容であるときについて，その条項を無効とする制度を設けています。

◆ 三階部分の法律——特定商取引法・割賦販売法等

　消費者契約法は，すべての消費者契約における格差の是正を目的としたものです。しかし，これだけでは常に十分とは言えません。取引の方法が特殊なものであるがゆえに格差が拡大している場合や，契約内容が複雑で難しいために格差が拡大している場合には，さらに格差を是正するための配慮が必要です。

　そこで，消費者契約一般よりも，格差が大きくトラブルが起こりやすい取引には，三階部分にそれぞれの特殊性に着目した是正措置を定めた法律があります。三階部分の法律には，取引の種類によって様々なものがあります。比較的消費者に身近な取引を例に挙げると，旅行サービスには旅行業法，金融商品の場合には金融商品取引法と金融サービスの提供に関する法律（金融サービス提供法），保険の場合には保険法と保険業法と金融サービス提供法，宅地建物取引には宅地建物取引業法，訪問販売や通信販売の場合には特定商取引法，クレジットの場合には割賦販売法，電子マネーや暗号資産（仮想通貨）の場合には資金決済法などがあります。

　これらの中で，消費生活において身近な法律が特定商取引法と割賦販売法です。

Q I-4 　トラブル対応への活用

実際の消費者トラブルに対処する場合には，法律はどのように活用できるのでしょうか。そのポイントを教えてください。

 A 　活用のポイントは事実関係の把握と整理をすることです。

◆活用の考え方

どういうことがあったのか，事実関係を把握することが重要です。

事業者の勧誘，契約の締結，契約の内容，契約の履行状況などを時系列に従って事実経過を把握します。次の手順として，どの段階で，何が原因で，どのようなトラブルになっているかを整理します。そのうえで，消費者が希望する解決ができる法的手段があるかどうかを検討することになります。

◆考え方の例

抽象的な説明だけではわかりにくいと思います。そこで，具体的な事例に基づいて説明しましょう。

よくあるトラブル事例の中から，比較的単純な，消費者が訪問販売で商品を購入し，トラブルになった事例で考えてみましょう。

そもそも，訪問販売で購入したのが失敗だったという場合で，最も効果的な解決ができるのは特定商取引法のクーリング・オフ制度の活用になります。ただし，クーリング・オフ期間が経過しているとクーリング・オフはできないので，別の解決方法を考えなければならないことになります。

未成年者が法定代理人の同意を得ないで契約したのであれば，民法に基づく未成年取消しによる解決を検討することになります。

勧誘の際に，断っているのにもかかわらず居座られて困り果てて契約するほかなかったという場合で，クーリング・オフができない場合には，消費者契約法による取消しを検討することになります。

　自分は，商品が欲しくて契約したのに販売業者が商品を渡してくれないなどの場合には，民法の債務不履行による解決方法をとることになります。

　支払方法として個別クレジット契約やクレジットカードを利用している場合には，クレジット会社への支払を止めることができるのか，支払ってしまったお金を取り戻すことができるのかなどが問題になります。この場合には割賦販売法に基づいて検討する必要があります。

Q I-5　消費者3法の性格の違い

消費者契約法・特定商取引法・割賦販売法の法律の性格の違いなどはありますか。また，所管する省庁はどこでしょうか。

 消費者契約法は，民法の特別法であり，私法です。一方，特定商取引法と割賦販売法は，公法である行政法の中の業法に当たります。

◆ 三つの法律の違い

　法律は，大きく分けて私法と公法に分類できます。民法は私法の一般法です。

　消費者契約法は，民法の特別法で私法に当たります。所管は，消費者庁です。

　特定商取引法と割賦販売法は，監督官庁が事業者の業を取り締まるための法律です。法律の二分類でいえば，公法です。公法のうちの行政法に当たります。行政法の中でも，行政機関が事業者の業を取り締まるための根拠法である業法に分類されます。

　業法であるために，特定商取引法と割賦販売法は，法律だけでなく，細かいルールについて政令・主務省令（規則），ガイドラインや解釈通達などがあります。これらにより，行政機関の運用が透明性を持つようになっています。つまり，特定商取引法や割賦販売法は，法律の条文・政令・主務省令なども知っておくことが，活用するうえでは大切になります。この点が，私法である消費者契約法が法律の条文だけである（ただし，適格消費者団体に関する規定につ

いては，政令・主務省令などにより消費者庁が監督する仕組みがある）のと
違っています。なお，消費者契約法の実務的な運用や解釈，つまり，どのよう
な事例に法律が適用され，解釈はどうなるかなどについては，裁判例の積み重
ねによるので，消費者契約法を使いこなすためには，裁判例を学ぶことも重要
です。

◆ 法律の所管

　消費者契約法の所管庁は，消費者庁です。

　特定商取引法の主な所管庁は消費者庁です。なお，特定商取引法の行政処分
の執行権限は，都道府県知事にもあるので，地域性のある被害の場合には，都
道府県で執行され，処分の効果は，処分庁の自治体内にとどまります。つまり，
東京都が業務停止命令の処分をした場合には，都内での業務は禁止されますが，
他の自治体内での業務は禁止されていないということになるわけです。そのた
め，複数の自治体で被害が発生している場合には，複数自治体で連携して同時
処分をする取組みをしています。全国的に被害が広がっている場合には，消費
者庁が処分をする必要があるということです。

　割賦販売法の主たる所管は，経済産業省です。

◆ 法律の調べ方

　それぞれの法律・政令・主務省令・ガイドラインなどは，所管する省庁の
ホームページで確認することができます。特定商取引法は消費者庁，割賦販売
法は経済産業省です。

　書籍としては，消費者六法（民事法研究会）が，主な消費者法については法
律・政令・主務省令・ガイドラインなどを掲載しており，一目でわかるように
なっているので，消費者法を活用するうえでは一冊あると便利です。消費者法
は，頻繁に改正されるので，常に，最新版を利用することがポイントです。

Ⅱ

消費者契約法

Q Ⅱ-1　消費者契約法の必要性

契約に関する法律としては民法があります。また，訪問販売などについてはクーリング・オフ制度を定めた特定商取引法があります。それにもかかわらず，なぜ，消費者契約法が必要なのですか。

A　消費者と事業者との間の契約では，双方に様々な格差があります。その格差を是正する観点から消費者契約法が必要とされています。

◆ 民法との関係

　契約に関する法律には，民法があります。民法は，すべての契約に適用される契約ルールを定めたもので，民事ルールの一般法です。

　民事ルールの一般法である民法では，契約する二当事者があらゆる意味で対等であり，交渉できる強い当事者であることを前提に，契約についての双方の権利と義務について定めています。

　そのため，民法では，たとえば，販売業者は，自分が販売している商品について取引の相手方に説明をする義務はありません。民法では，知識や情報について対等であるという前提で制度が定められています。契約当事者双方が同じだけの知識や情報を持っているのであれば，販売業者は相手方に商品や契約内容について説明したり情報を提供したりする必要はないことは当然です。

　しかし，消費者は，事業者が販売している商品についての知識や情報を当然に持っているわけではありません。また，事業者と同様に知識や情報を入手する手段やルートを持っているわけではありません。事業者から情報を提供されなければ知ることができない場合が少なくないのです。

　そのため，たとえば食料品の場合には，食品表示法があります。また，誇大なあるいは虚偽の広告や表示を規制する景品表示法などの法律があります。消費者契約法は，消費者と事業者との契約すべてについて，格差を是正する必要があることから必要とされたわけです。

◆ 特定商取引法との関係

　特定商取引法は，訪問販売などの特殊な取引方法であるために通常の消費者と事業者よりも格差が大きくなり，そのために被害が多発して社会問題になった特殊な取引方法の取引を対象に規制している法律です。その典型的なものが，消費者にとって不意打ち的な取引であるために被害が多発した訪問販売や訪問購入などの規制です。

　しかし，取引方法が不意打ち的なものでなくても，消費者は，事業者が持っていたり収集することができる商品や契約に関する情報や知識を，自分個人の能力では収集することができません。また，契約の内容を決定したり契約を選んだりするときの交渉力においても，不特定多数を相手方としている事業者と消費者とでは圧倒的な格差があります。

　そこで，消費者と事業者とのすべての契約について，消費者の自主的で適切な契約の選択などを確保するためには格差を是正することが必要だと考えられたわけです。たとえば，消費者が自分から店舗に出向いて商品やサービスを購入する場合には，特定商取引法の適用はありません。しかし，このような場合でも格差の是正は必要だということです。

QⅡ-2　消費者契約法の制定と改正の経過

消費者契約法が制定されたのはいつですか。また，改正の経過なども教えてください。

A　消費者契約法は，2000年に制定されました。その後，2006年，2016年，2018年に改正されています。

◆ 消費者契約法の制定

　消費者が事業者とでは，契約をするときに両者が持っている情報の質・量や交渉力に格差があります。そこで，このような格差を是正して消費者の利益を守るため，2000年（平成12年）に消費者契約法が制定され，2001年（平成13

年）4月1日から施行されました。

◆ 2006年（平成18年）改正

　消費者契約法は民法の特別法であるため，特定商取引法のように監督官庁による行政処分の制度がありません。そこで，消費者契約法を順守せず消費者被害を引き起こしている事業者に対して，違法な行為を差し止めることができるようにして被害の拡大を防止するための制度として，消費者団体による差止訴訟制度を導入する改正をしました。

　その後，2008年（平成20年）の法改正で，消費者団体訴訟制度の対象が景品表示法と特定商取引法に，平成25年の法改正で，食品表示法に拡大されています。

◆ 2016年（平成28年）改正

　取消事由に過量販売を追加する，取消期間を追認できる時から6ヵ月だったものを1年に延長すること，不当条項として消費者の解除権を放棄させる条項や損害賠償の有無や賠償額を事業者が決める条項などを追加する，等の改正をしました。

◆ 2018年（平成30年）改正

　取消事由として，消費者に困惑させて契約を締結させるタイプに6種類の形態を追加し，不当条項制度に成年後見等の開始の審判のみを契約の解除ができる条項を追加すること，改正民法に合わせた条文の整理などを行いました。

◆ 2022年（令和4年）6月改正

　事業者の努力義務に関して説明義務の改正，定型約款の明示請求権の説明義務及び契約解除について消費者から問い合わせがあった場合の情報提供義務の追加など三点を改正，取消事由に関しては困惑類型の追加など，不当条項にサルベージ条項を追加するとともに9条1項1号の平均的損害の証明を消費者がしやすくする制度の導入などをしました。施行日は，2023年6月1日です。

◆ 2022年（令和4年）12月改正

　いわゆる霊感商法による取消しについて，期間を追認できる時から3年，契約締結の時から10年に延長する等の改正をしました。施行日は，2023年1月5日です。

QⅡ-3 目 的

消費者契約法は，どんなことを目的として定められたのですか。同法の目的を教えてください。

　原則としてすべての消費者契約に関して，情報の質と量，ならびに交渉力の格差を是正して消費者被害を防止したり，被害を救済しやすくすることを目的としています。

◆ 根拠条文

　消費者契約法1条では，同法の目的について次のように定めています。

〔消費者契約法〕

（目 的）

第1条　この法律は，消費者と事業者との間の情報の質及び量並びに交渉力の格差に鑑み，事業者の一定の行為により消費者が誤認し，又は困惑した場合等について契約の申込み又はその承諾の意思表示を取り消すことができることとするとともに，事業者の損害賠償の責任を免除する条項その他の消費者の利益を不当に害することとなる条項の全部又は一部を無効とするほか，消費者の被害の発生又は拡大を防止するため適格消費者団体が事業者等に対し差止請求をすることができることとすることにより，消費者の利益の擁護を図り，もって国民生活の安定向上と国民経済の健全な発展に寄与することを目的とする。

◆ 情報の格差と交渉力の格差の是正

消費者と事業者との間には様々な格差があります。たとえば，資本力などの経済力の格差，社会的影響力の格差，経済力の格差，自社で扱っている商品や契約についての知識や情報についての格差，交渉力の格差など多様な格差があります。

消費者契約法の目的規定でわかるように，同法が是正を図っているのは，情報の質と量の格差と，交渉力の格差です。交渉力の格差としては，契約の契約条項を決定する際の格差と個々の消費者がその契約を締結するかどうかを選択する際の格差の二つの場面があります。

◆ 修正している場面

消費者契約法は，契約に関する一般法である民法を，消費者契約に限って一定の修正をしている特別法に当たります。民法を修正している場面は2ヵ所です。

1ヵ所は，消費者に契約の申込みや承諾の意思表示をさせるために勧誘する場面です。もう1ヵ所は，契約条項の拘束力についての修正です。

さらに，この二つの場面の事業者による不当な行為において，適格消費者団体による差止訴訟制度を設けています。

◆ 同法の目的

この法律の目的は，「消費者の利益の擁護を図り，もって国民生活の安定向上と国民経済の健全な発展に寄与すること」です。

QⅡ-4

適用対象

消費者契約の適用がある契約は，どのような契約ですか。

A 原則として，すべての消費者契約が対象とされています。ただし，労働契約は除外されています。

◆ 原則

　原則として，すべての消費者契約が対象です。消費者契約法でいう「消費者契約」とは，消費者と事業者との契約であると定義されています。

　取引方法による区別はありません。商品やサービスなどの契約内容による区別もありません。消費者が対価を支払って，事業者から商品を購入したり，サービスを提供してもらう有償契約に限られるわけでもありません。

　消費者が，自分が不要になった物を買取業者に買い取ってもらう契約では，事業者が消費者に対価を支払います。消費者が売り手になるわけです。このような契約にも，消費者契約法は適用されます。

　消費者は対価を支払わない無償の契約でも，事業者と消費者との契約であれば，適用対象となります。

◆ 消費者の意味

　消費者契約法では，消費者とは個人をいうと定義しています。

　ただし，個人でも自分の生活のために契約をするのではなく，事業のために，または事業として契約を締結する場合には，消費者には該当しません。

　したがって，個人が契約する場合でも，どのような目的で契約したのかを確認する必要があります。たとえば，個人がパソコンを購入した場合を考えてみましょう。個人生活で利用するため販売店で購入した場合には，消費者契約に当たります。しかし，個人で小売店を経営している人が，在庫管理や経理事務に使用するために購入した場合には，消費者契約には該当しません。

◆ 事業者の意味

　事業者とは，法人その他の団体です。さらに，事業のためにまたは事業として契約を締結する個人は，事業者に当たります。

　法人の典型的なものが，株式会社・合同会社・合名会社・合資会社・特例有限会社などの会社です。会社とは，会社法に基づいて設立された法人です。法人には，会社法によるもの以外にも，様々な法律によって設立されたものがあります。一般社団法人や公益社団法人，NPO法人，学校法人，医療法人，社会福祉法人などの「法人」の名称がついているものも事業者です。

　法人でなくても団体であれば，事業者と定義されています。たとえば，ボランティア団体などの団体も，事業者ということになります。

〔消費者契約法〕

（定義）

第2条　この法律において「消費者」とは，個人（事業として又は事業のために契約の当事者となる場合におけるものを除く。）をいう。

2　この法律（第43条第2項第2号を除く。）において「事業者」とは，法人その他の団体及び事業として又は事業のために契約の当事者となる場合における個人をいう。

3　この法律において「消費者契約」とは，消費者と事業者との間で締結される契約をいう。

◆ 適用除外

　ただし，消費者契約法48条では，労働契約はこの法律の適用はないとして適用から除外しています。その理由については次のQⅡ-5で取り上げています。

〔消費者契約法〕

（適用除外）

第48条　この法律の規定は，労働契約については，適用しない。

QⅡ-5　労働契約が適用除外とされる理由

なぜ労働契約は，消費者契約法の適用除外と定められて
いるのですか。

A　労働契約には，労働基準法などの労働者の基本的人権を擁護するための様々な法律が整備されているためです。

◆ はじめに

　労働者とは，自分や家族の生活資金を稼ぐために雇用者との間で労働契約を結んで，労働力を提供することによって労働の対価である給料を得て生活している者を指します。

　労働者とは個人です。労働者を雇用している雇用主は，自らの事業活動を行うために個人（＝この場合の個人が労働者に当たる）と契約を締結しています。したがって，契約当事者という視点から見れば，個人と事業者との契約に当たります。そして，生活するための給料をもらうために労働契約を結ぶのですから，労働者は，自分が事業を行っているわけではありませんから，消費者契約法で定義する「消費者」に該当します。したがって，消費者契約法の消費者契約の定義に当てはめて考えれば，労働契約は消費者契約に該当することは明らかです。

　しかし，QⅡ-4で説明したように，消費者契約法では労働契約については，適用から除外しています。

◆ 労働契約が適用除外とされた理由

　労働契約については，憲法上の労働者の基本的人権を保障するために労働基準法などの法律による規制がされています。これらの法律を社会法の一種の労働法と位置付けています。労働契約については，消費者法よりも厚く労働者の基本的人権を守るための様々な規制や制度を設けているわけです。

　そこで，労働契約については労働法によることとして，消費者契約法の適用からは除外しています。

▶労働問題の相談窓口など

　消費者問題について，消費者が相談することができる窓口としては，消費者安全法に基づいて設置された地方自治体の消費生活相談窓口があります。

　では，労働問題について相談するための窓口はどこでしょうか。労働問題については，都道府県の労働局あるいは労働基準監督署に設置されている総合労働相談コーナーがあります。この相談窓口では，解雇，雇止め，配置転換，賃金の引下げ，募集・採用，いじめ・嫌がらせ，パワハラなどのあらゆる分野の労働問題を対象としています。

　消費者問題と労働問題とでは，行政における相談窓口も別個に棲み分けています。このようなことから，消費生活相談では，労働問題は扱わないのです。

QⅡ-6　事業者の努力義務規定

消費者と事業者との格差を是正するために，消費者契約法では，事業者に対してどのようなことを義務付けていますか。

 A　消費者契約法では，格差を是正するために，契約条項を定める時と契約の締結について勧誘をするときの二段階で努力義務を定めています。

▶はじめに

　消費者契約法は，契約条項を決める際と事業者が契約の締結について勧誘をする際に，格差を是正するために努力すべきことを定めています。

▶契約条項を定める時──消費者契約の特徴

　民法では，契約内容である契約条項は，契約当事者双方の協議により合意することによって決められるものであるとの前提で制度を設けています。この場合の契約当事者は，あらゆる意味で対等であり，対等な立場で交渉できるものと考えています。したがって，対等な当事者同士で話し合って双方が納得した

ものが契約の内容として合意された以上，その内容は双方にとって合理的な内容であると推定します。そのため，民法の契約に関する規定の多くは，任意規定です。任意規定に関する事項については，契約当事者間で合意して取り決めたのであれば，対等な当事者の合理的な取決めによるものとされ，民法上の規定の適用は排除されます。

　一方，不特定多数の消費者に対して商品やサービスを提供するビジネスを行っている事業者は，あらかじめ「うちのサービスを利用する場合には，このような取決めに従ってもらいますよ」ということで，あらかじめ契約条件などを決めているのが普通です。身近な例を見ると，スポーツクラブなどの利用規約，レンタルショップの会則，インターネット取引の利用規約など，あらかじめ決められています。

　このように消費者契約では，契約当事者双方で契約条項をどうするかを協議して取り決めていくことは，あまり多くはありません。つまり，契約条項を事業者が一方的に決めてしまい，そのうえで消費者に提供していることが多いわけです。そこで，消費者契約法では，事業者が契約条項を定める際の努力義務を定めました。

（事業者及び消費者の努力）

第３条　事業者は，次に掲げる措置を講ずるよう努めなければならない。

　一　消費者契約の条項を定めるに当たっては，消費者の権利義務その他の消費者契約の内容が，その解釈について疑義が生じない明確なもので，かつ，消費者にとって平易なものになるよう配慮すること。

　二　消費者契約の締結について勧誘をするに際しては，消費者の理解を深めるために，物品，権利，役務その他の消費者契約の目的となるものの性質に応じ，事業者が知ることができた個々の消費者の年齢，心身の状態，知識及び経験を総合的に考慮した上で，消費者の権利義務その他の消費者契約の内容についての必要な情報を提供すること。

　三　民法第548条の２第１項に規定する定型取引合意に該当する消費者契約の締結について勧誘をするに際しては，消費者が同項に規定する定型約款の内容を容易に知り得る状態に置く措置を講じているときを

除き，消費者が同法第548条の3第1項に規定する請求を行うために
必要な情報を提供すること。
四　消費者の求めに応じて，消費者契約により定められた当該消費者が
有する解除権の行使に関して必要な情報を提供すること。

◆ 契約条項を定める際の努力義務

　契約の内容が一義的に明確であり，消費者にとってわかりやすいように配慮
するよう努力することが求められます。

◆ 契約の勧誘をする際の努力義務

　事業者が知ることができた個々の消費者の年齢，心身の状態，知識及び経験
を総合的に考慮した上で，消費者の権利義務その他の消費者契約の内容につい
ての必要な情報を提供するよう努力することが求められています。個々の消費
者の心身の状態や知識や経験にも配慮することが求められている点が重要です。

◆ 定型約款の明示請求権の情報提供義務

　民法548条の2では，事業者が定型取引で約款を使用する場合には，事業者
は相手方と約款を使用することを合意するか，約款を使用することを表示すれ
ば，具体的な内容について知らせる必要はなく，個別の条項は契約に取り込ま
れる旨を定めています。ただ，契約の相手方（たとえば，消費者）には，契約
に当たり約款内容を明示するよう事業者に請求することができ，明示請求が
あった場合には，事業者は約款の内容を明示すべき義務があるとしています。
　しかし，消費者は民法の規定を知っていることはあまり期待できないので，
事業者に対して，定型約款の明示請求権があることを消費者に知らせるよう努
力するよう義務付けています。

◆ 契約の解除に関する情報提供義務

　サブスクリプションや定期購入では，契約の解除方法が分からないなどのト
ラブルが多発しています。そこで，事業者は，消費者から契約解除について説

明を求められた場合には，契約解除ができるのか，できる場合にはその方法などについて情報提供をするよう努力することを求めたものです。

◆ 努力義務規定の意味

　以上の義務は，「努めなければならない」と定められていることからわかるように，努力義務にとどまっています。そのため，第3条の努力義務を尽くしているとはいえないため，消費者が不本意な契約を締結する結果となった場合でも，ただちにその契約を解消できるわけではありません。

　ただし，消費者契約法を解釈運用するうえで，事業者の努力義務規定は重要な意味を持っています。

$Q Ⅱ-7$　取消制度の意味と概要

消費者契約法4条に定める取消事由がある場合には消費者は，自分が締結した契約を取り消すことができるということですが，取消制度の意味がよくわかりません。説明してください。

 取消事由に該当する事実がある場合でも，契約は有効に成立します。そのままであれば，契約当事者双方は守る義務があります。しかし，取り消すことができる根拠となる事由がある場合には，取消権を持っている当事者が，契約相手に対して取り消す旨の意思表示（これを通常の用語でいえば「通知をすれば」），契約は最初にさかのぼって無効になる，という制度です。

◆ 契約の効果

　取消事由に該当する事実がある場合でも，契約は有効に成立します。有効に成立した契約は守る義務があります。

　原則として，有効に成立した契約は，契約の一方当事者が一方的に破棄することはできません。消費者であっても，一度契約を締結すれば守る義務が発生します。後で気が変わった場合であっても，「やっぱりやめます」と一方的に契約を取りやめることはできないのが，原則です。

◆ 取消事由がある場合

　しかし，契約締結過程に問題があり，自主的で適切な契約の選択がそこなわれるような事実があった場合について，法律で，その事実を理由に契約を取り消すことができる制度を設けている場合があります。

　民法上の取消制度としては，未成年者が単独でした契約，錯誤による契約，詐欺や強迫による契約は取り消すことができます。

　消費者契約法では，事業者が契約の締結について勧誘をする際に，格差を是正せず，あるいは格差に付け込み，その結果消費者の自主的で適切な選択がそこなわれ場合について，具体的な取消事由を定めました。

　契約は有効に成立するが，消費者がその契約に納得していない場合には，消費者は取消事由を理由に，その契約を取り消すことができるものと定めたわけです。消費者が，契約相手に対して，契約を取り消す旨の通知をすることによって，通知が相手に届いた時点で，契約は最初にさかのぼって無効となります。

　つまり，取り消すことができるという意味は，この契約を有効なものとして続けるか，取消しの通知をすることによって無効にするか，消費者に選択権を与えたということです。

◆ 取消しの方法

　取消しは，取消権者である消費者から，契約相手である事業者に対してその契約を取り消す旨の通知を出す必要があります。この通知は，後日，「そんな通知はうけとっていない」「いや，通知は出した」といったトラブルにならないように，通知期間内に相手に届いたことを証拠によって証明できるような方法で出しておくことが大切です。

　具体的には，手紙にして内容と封書をコピーし，配達証明付き書留か配達日

を追跡調査できる特定記録郵便で出す方法が適切です。コピーは，契約関係書類と一緒に保管しておく必要があることはいうまでもありません。

QⅡ-8　取消しができる期間

取消事由がある場合には，いつまでも取消しができますか。あるいは，取消しができる期間に制限はあるのですか。

A　取消期間には制限があります。原則は，追認できる時から１年間です。この期間を経過すると，取消しはできなくなります。

◆ 基本の取消期間

　消費者契約法では，取消事由がある場合の取消期間を追認できる時から１年間と定めています。この期間を経過すると取り消すことはできなくなります。

　ただし，最長でも契約締結から５年間までしか取消しはできません。契約締結から５年間を過ぎると取り消すことはできなくきなります。

　霊感商法の場合は，追認できるときから３年，契約のときから10年と，少し長くなっています。

　つまり，「追認できる時」がこないままに契約締結から５年間が経過してしまい，その後に「追認できる時」がやってきたとしても，もう取り消すことはできないということです。

　この取消期間の規定は，いつまでも取消しができることとすると，取引の安定性がそこなわれることとなることから定められたものです。なお，消費者契約法による取消期限は，民法の詐欺・強迫・錯誤・制限行為能力者の法律行為などの取消期間である「追認できる時」から５年間との定めよりも短く設定されているので，注意が必要です。

〔消費者契約法〕

（取消権の行使期間等）

第7条　第4条第1項から第4項までの規定による取消権は，追認をすることができる時から1年間（同条第3項第8号に係る取消権については，3年間）行わないときは，時効によって消滅する。当該消費者契約の締結の時から五年（同号に係る取消権については，十年）を経過したときも，同様とする。

2　会社法（平成17年法律第86号）その他の法律により詐欺又は強迫を理由として取消しをすることができないものとされている株式若しくは出資の引受け又は基金の拠出が消費者契約としてされた場合には，当該株式若しくは出資の引受け又は基金の拠出に係る意思表示については，第4条第1項から第4項までの規定によりその取消しをすることができない。

◆ 追認できる時とは

「追認できる時」とは，どのような時を意味するのでしょうか。

「追認できる時」については，民法に定められています。

民法124条では，(1)取消事由がやみ，(2)かつ取消権があることを知った時の二つの要件を満たしたときが，追認できる時であると定めています。

(1)の取消事由がやんだ時とは，誤認類型の場合には誤認している状態がなくなった時，困惑類型の場合には事業者の関与により困惑状態に陥り自主的な選択ができない状態を脱して，自主的な選択ができる状態になった時を意味します。

それだけでなく，(2)のように，消費者が自分はこの契約を取り消すことができる権利があるのだということを知ったことが必要とされています。この二つめの要件は，2020年（令和2年）4月1日から施行されている改正民法（債権法）により新たに条文に加えられたものです。

〔民　法〕
（追認の要件）
第124条　取り消すことができる行為の追認は，取消しの原因となっていた状況が消滅し，かつ，取消権を有することを知った後にしなければ，その効力を生じない。

（取消権の期間の制限）
第126条　取消権は，追認をすることができる時から５年間行使しないときは，時効によって消滅する。行為の時から20年を経過したときも，同様とする。

QⅡ-9　取り消した場合の清算方法

取消事由があって契約を取り消した場合には，どのように清算すればよいのですか。クーリング・オフと同じでしょうか。

　クーリング・オフの場合の清算方法とは違います。契約がなかった元の状態に戻す原状回復の義務があります。ただし，消費者契約の場合の原状回復義務は，民法の原状回復義務とは違う扱いとなっています。

◆取消しの効果

　消費者契約法の取消事由がある場合に，これを理由に契約を取り消すと，契約は最初にさかのぼって無効となります。そこで，契約に基づいて商品やサービスの提供がされていたり，対価の支払が為されている場合には，契約を締結する以前の状態，つまり「原状」に戻す義務が，契約当事者双方に生じます。これを「原状回復義務」といいます。

◆ クーリング・オフの場合の清算の違い

　クーリング・オフ制度は，特定商取引法で訪問販売などの特殊な取引方法の取引について，一定期間，契約を続けるかどうかについてもう一度選択する機会を与える制度として設けられたものです。訪問販売の場合には，申込みの撤回または契約の解除制度です。連鎖販売取引や特定継続的役務提供取引の場合には，契約の解除制度となっています。

　あわせて，それぞれについて清算方法についても特殊な制度が定められています。

　一方，消費者契約法の場合には，契約の解除ではなく，取消事由に基づく取消しです。取消しの場合には，原状回復義務ということになります。具体的な違いはいろいろありますが，ここでは一例だけを挙げておきましょう。契約に基づいて，消費者が事業者から商品の引渡しを受けた場合には，契約を取り消した場合も，クーリング・オフをした場合にも，消費者は商品を返還しなければなりません。クーリング・オフの場合には，商品を返還する際の費用は事業者の負担となります。事業者に受取りに来てもらうか，着払いで返送すればよいということです。一方，取り消した場合には，商品を返却する際の費用は消費者負担となります。

〔消費者契約法〕

（取消権を行使した消費者の返還義務）

第6条の2　民法第121条の2第1項の規定にかかわらず，消費者契約に基づく債務の履行として給付を受けた消費者は，第4条第1項から第4項までの規定により当該消費者契約の申込み又はその承諾の意思表示を取り消した場合において，給付を受けた当時その意思表示が取り消すことができるものであることを知らなかったときは，当該消費者契約によって現に利益を受けている限度において，返還の義務を負う。

◆ 民法との違い

　民法121条の２では，「無効な行為に基づく債務の履行として給付を受けた者
は，相手方を原状に復させる義務を負う。」と定めています。

　消費者契約法６条の２では，「給付を受けた当時その意思表示が取り消すこ
とができるものであることを知らなかったときは，当該消費者契約によって現
に利益を受けている限度において，返還の義務を負う。」と定めています。通
常は，消費者が契約を締結して事業者から商品の引渡しなどを受ける際には，
その契約を取り消すことができるものであることを知っていることはないで
しょうから，取り消す時点で「現に利益を受けている限度で」返還する義務を
負うことになります。つまり，消費者は，手元にある商品をそのままの状態で
返還すればよく，事業者は，契約に基づいて支払を受けた金銭の全額を返還す
る義務を負うのが原則ということになります。

〔民　法〕

（原状回復の義務）

第121条の２　無効な行為に基づく債務の履行として給付を受けた者は，
　相手方を原状に復させる義務を負う。

２　前項の規定にかかわらず，無効な無償行為に基づく債務の履行として
　給付を受けた者は，給付を受けた当時その行為が無効であること（給付
　を受けた後に前条の規定により初めから無効であったものとみなされた
　行為にあっては，給付を受けた当時その行為が取り消すことができるも
　のであること）を知らなかったときは，その行為によって現に利益を受
　けている限度において，返還の義務を負う。

３　第１項の規定にかかわらず，行為の時に意思能力を有しなかった者は，
　その行為によって現に利益を受けている限度において，返還の義務を負
　う。行為の時に制限行為能力者であった者についても，同様とする。

Ⅱ　消費者契約法

QⅡ-10　取消事由の概要

消費者が契約を取り消すことができるのはどんな場合ですか。取消しができる場合の全体の概要を説明してください。

 取消事由は，説明方法に問題があり消費者に誤認させた場合が3類型，勧誘の際に消費者を困惑させて契約を押し付けた場合が10類型，そして，その消費者にとって必要な分量を著しく超える分量を契約させた「過量販売」の3パターンがあります。

❖ はじめに

　消費者契約法は，3条で事業者の努力義務を定めています。これは，努力義務にとどまっているため，格差を是正するための努力が足らなかったというだけで，消費者に契約を取り消すことができる権利を付与する仕組みにはなっていません。

　そこで，4条で，消費者が契約を取り消すことができる場合を具体的に定めています。具体的な取消事由に該当する事実があった場合に，消費者は，その契約を取り消すことができます。取消事由があることの証明責任は消費者にあります。

　取消しできる場合は，大きく分けて三つのパターンがあります。

　まず，情報格差に付け込んで誤認させた場合が3類型です。交渉力の格差に付け込んで困惑させて契約をさせた場合が8類型です。このタイプは，制定当時は2類型だけでしたが，2018年（平成30年）の改正でさらに6類型が取消事由に追加されました。

　さらに，3パターンめとして，情報格差と交渉力格差などの消費者のぜい弱性に付け込んだものとして過量販売も取消しができる事由とされています。

❖ 誤認による取消事由

　勧誘の際の説明に問題があり，消費者に誤認させて，誤認に基づいて契約さ

せた場合で取消しができる取消事由の類型は三つです。

　第一は，契約の重要事項について事実と異なる説明をした場合です。第二は，将来の見込みが不確実なのに勧誘の際に断定的判断の提供をして確実であると誤認させた場合です。第三は，消費者に利益となる旨だけを説明して不利益となる事実を隠していた場合です。

◆ 困惑させた場合

　事業者が契約締結の勧誘に当たり消費者を困惑させた場合に取消すことができる行為に関する規定です。2000年に法律が制定された時は，いわゆる不退去と退去妨害の２つの行為のみでしたが，2018年と2022年の改正で，３号以下が追加され，10号までの行為が定められています。これらの追加は，消費生活相談に寄せられる被害例から，被害の多いものを整理して追加したものです。詳細については，37頁以下を参照ください。

◆ 過量販売

　事業者が，その消費者の生活状況や経済状態を知っており，その消費者には到底不必要であることを知りながら勧誘して，同種の商品やサービスなどを著しく過量な契約をさせた場合にも契約を取り消すことができます。

◆ 取消事由はどのように決められるか

　上記の取消事由は，消費者被害が多く，深刻なものを抽出する形で法律に盛り込まれています。消費者被害の把握は，全国の消費生活センターなどの消費生活相談窓口に寄せられた相談内容の分析と裁判例によっています。

　したがって，取消事由は，今後も法律の改正によって追加されていく可能性があります。

QⅡ-11　説明に問題がある時の取消事由

事業者の勧誘の際の説明に問題があって，消費者が誤認して契約した場合の取消事由は，具体的にはどのようなものがありますか。

A　消費者契約法4条1項1号・2号，同条2項および5項で定められています。

◆ 概要

　事業者が消費者契約の締結について勧誘をするに際し，消費者に対する説明に問題があって消費者が誤認して契約を締結した場合の取消しできる場合については，4条1項柱書および2項で次のように限定しています。「次の各号に掲げる行為をしたことにより当該各号に定める誤認をし，それによって当該消費者契約の申込み又はその承諾の意思表示をしたとき」。

　そこで，以下に「各号に掲げる行為」について説明します。

◆ 1項1号──重要事項についての事実と異なる告知

　第一は，事業者が契約の勧誘に際して，消費者に対して，重要事項について事実と異なることを告げることにより，消費者に告げられた内容が事実であると誤認をさせて契約を締結させた場合です。

　この場合の重要事項とは，4条5項で定められた下記の①～③の事項に限られています。

① 事業者が，その契約に基づいて消費者に対して提供する商品や役務（えきむ，サービスのこと）など（サービスのことを法律用語では「役務（えきむ)」といいます）契約の目的となるものの質，用途その他の内容であって，消費者の当該消費者契約を締結するか否かについての判断に通常影響を及ぼすべきもの

② 契約の目的となるものの対価その他の取引条件であって，消費者の当該消費者契約を締結するか否かについての判断に通常影響を及ぼすべきもの

　この規定の趣旨は，価格や取引に関する条件で契約で定められているもののうち，消費者の選択を左右することとなる重要な事柄も重要事項に含まれるということです。

③　前記①②のほか，その契約の目的となるものがその消費者の生命，身体，財産その他の重要な利益についての損害または危険を回避するために通常必要であると判断される事情

　これは，消費者がその契約を締結することにした動機が，消費者の重要な利益についての損害または危険を回避するためであり，消費者がそのような動機を持つこととなったのが，事業者が事実と異なる説明をしたためであったという場合も，取消しできるとしたものです。

　典型的な事例としては，シロアリは湧いていないのに，事業者からシロアリが湧いているからこのままではあぶないなどと言われてシロアリ駆除の契約を締結した，などがあります。

◆ 1項2号

　いわゆる「断定的判断の提供」です。

　その契約の目的となるもの，つまり事業者が契約に基づいて提供する商品などに関し，将来におけるその価額，将来において消費者が受け取るべき金額その他の将来における変動が不確実な事項につき断定的判断を提供して，提供された断定的判断の内容が確実であるとの誤認をした場合です。

　たとえば，株式や投資信託などを販売する際に，「いま契約すれば，確実に利益が得られる」と説明して信用させ，契約を締結させる場合が，これに当たります。

◆ 2項──重要事項に関する不告知

　重要事項を事業者が説明しなかったために，消費者が誤認して契約した場合の取消事由です。ただし，この取消事由は下記の要件をすべて備えている場合に限定されているので注意が必要です。

①　まず，事業者が，ある重要事項または重要事項に関連する事項について，その消費者の利益となる旨を告げていることが前提として必要です。

② あわせて，その重要事項についてその消費者の不利益となる事実を，事業者が故意または重大な過失によって告げなかったこと。

　　知っていてあえて告げなかった場合だけでなく，事業者が重大な過失により不利益事実を知らなかったために告げなかった場合も取消しの対象となります。

③ それにより，告げられなかった不利益な事実が存在しないとの誤認をし，それによって消費者が契約を締結したことも取消しができる理由となります。

④ ただし，事業者が告げようとしたにもかかわらず，消費者が「知っているから，わざわざ説明をしなくてもよい」などと拒んだときは，取消しができません。消費者が不利益を知っていて説明を拒絶している場合にまで取消しを認める必要はないことから設けられた規定です。

〔消費者契約法〕
（消費者契約の申込み又はその承諾の意思表示の取消し）
第4条　消費者は，事業者が消費者契約の締結について勧誘をするに際し，当該消費者に対して次の各号に掲げる行為をしたことにより当該各号に定める誤認をし，それによって当該消費者契約の申込み又はその承諾の意思表示をしたときは，これを取り消すことができる。
　一　重要事項について事実と異なることを告げること。　当該告げられた内容が事実であるとの誤認
　二　物品，権利，役務その他の当該消費者契約の目的となるものに関し，将来におけるその価額，将来において当該消費者が受け取るべき金額その他の将来における変動が不確実な事項につき断定的判断を提供すること。　当該提供された断定的判断の内容が確実であるとの誤認
　2　消費者は，事業者が消費者契約の締結について勧誘をするに際し，当該消費者に対してある重要事項又は当該重要事項に関連する事項について当該消費者の利益となる旨を告げ，かつ，当該重要事項について当該消費者の不利益となる事実（当該告知により当該事実が存在しないと消費者が通常考えるべきものに限る。）を故意又は重大な過失によって告

げなかったことにより，当該事実が存在しないとの誤認をし，それによって当該消費者契約の申込み又はその承諾の意思表示をしたときは，これを取り消すことができる。ただし，当該事業者が当該消費者に対し当該事実を告げようとしたにもかかわらず，当該消費者がこれを拒んだときは，この限りでない。

（略）

5　第1項第1号及び第2項の「重要事項」とは，消費者契約に係る次に掲げる事項（同項の場合にあっては，第3号に掲げるものを除く。）をいう。

一　物品，権利，役務その他の当該消費者契約の目的となるものの質，用途その他の内容であって，消費者の当該消費者契約を締結するか否かについての判断に通常影響を及ぼすべきもの

二　物品，権利，役務その他の当該消費者契約の目的となるものの対価その他の取引条件であって，消費者の当該消費者契約を締結するか否かについての判断に通常影響を及ぼすべきもの

三　前2号に掲げるもののほか，物品，権利，役務その他の当該消費者契約の目的となるものが当該消費者の生命，身体，財産その他の重要な利益についての損害又は危険を回避するために通常必要であると判断される事情

QⅡ-12　消費者を困惑させて契約させた場合の取消事由

事業者が消費者を困惑させて契約させた場合で，取消しができるのはどのような場合ですか。

A　困惑に関する取消事由は消費者契約法4条3項で定められています。

◆ ４条３項柱書

　事業者が，消費者を契約の締結について勧誘をする際に，「次に掲げる行為をしたことにより消費者が困惑して契約の申込や承諾をした場合」にはこれを取り消すことができます。対象となる行為が「次に掲げる行為」に限定されていますが，事業者に困惑させた上で困惑に付け込んで契約させてやろうという意図があったことは要件になっていない点がポイントです。事業者がどのような行為をしたのかという事実と，それによる消費者の困惑による契約締結行為があれば取消できます。

◆ 制定当時の取消事由（１号，２号）

　消費者が退去を再三求めたのに居座って勧誘を続けた場合や，消費者が帰りたいと求めているのに引き留めて勧誘を続けた結果，消費者が困惑して契約した場合に取消できます。ポイントは，消費者が，事業者に帰るよう求めたり，勧誘されている場所から帰りたいと告げていることです。問題は，状況から消費者が言いだせない場合には，取消できない点です。

◆ その後の改正で追加された取消事由

　現実の消費者被害では，事業者が，消費者を断りにくい状況に追い込んで契約を押し付ける事例が多くみられます。そこで，こうした事例で被害が多いものを2018年と2022年の改正（施行日は，2023年６月１日）で追加しました。現在の取消事由は，下記のとおりです。

　個別の取消事由については，QⅡ-13以下で解説しています。

消費者契約法４条

３　消費者は，事業者が消費者契約の締結について勧誘をするに際し，当該消費者に対して次に掲げる行為をしたことにより困惑し，それによって当該消費者契約の申込み又はその承諾の意思表示をしたときは，これを取り消すことができる。

　一　当該事業者に対し，当該消費者が，その住居又はその業務を行っている場所から退去すべき旨の意思を示したにもかかわらず，それらの

場所から退去しないこと。

二　当該事業者が当該消費者契約の締結について勧誘をしている場所から当該消費者が退去する旨の意思を示したにもかかわらず，その場所から当該消費者を退去させないこと。

三　当該消費者に対し，当該消費者契約の締結について勧誘をすることを告げずに，当該消費者が任意に退去することが困難な場所であることを知りながら，当該消費者をその場所に同行し，その場所において当該消費者契約の締結について勧誘をすること。

四　当該消費者が当該消費者契約の締結について勧誘を受けている場所において，当該消費者が当該消費者契約を締結するか否かについて相談を行うために電話その他の内閣府令で定める方法によって当該事業者以外の者と連絡する旨の意思を示したにもかかわらず，威迫する言動を交えて，当該消費者が当該方法によって連絡することを妨げること。

五　当該消費者が，社会生活上の経験が乏しいことから，次に掲げる事項に対する願望の実現に過大な不安を抱いていることを知りながら，その不安をあおり，裏付けとなる合理的な根拠がある場合その他の正当な理由がある場合でないのに，物品，権利，役務その他の当該消費者契約の目的となるものが当該願望を実現するために必要である旨を告げること。

　イ　進学，就職，結婚，生計その他の社会生活上の重要な事項

　ロ　容姿，体型その他の身体の特徴又は状況に関する重要な事項

六　当該消費者が，社会生活上の経験が乏しいことから，当該消費者契約の締結について勧誘を行う者に対して恋愛感情その他の好意の感情を抱き，かつ，当該勧誘を行う者も当該消費者に対して同様の感情を抱いているものと誤信していることを知りながら，これに乗じ，当該消費者契約を締結しなければ当該勧誘を行う者との関係が破綻することになる旨を告げること。

七　当該消費者が，加齢又は心身の故障によりその判断力が著しく低下していることから，生計，健康その他の事項に関しその現在の生活の

維持に過大な不安を抱いていることを知りながら，その不安をあおり，裏付けとなる合理的な根拠がある場合その他の正当な理由がある場合でないのに，当該消費者契約を締結しなければその現在の生活の維持が困難となる旨を告げること。

八　当該消費者に対し，霊感その他の合理的に実証することが困難な特別な能力による知見として，当該消費者又はその親族の生命，身体，財産その他の重要な事項について，そのままでは現在生じ，若しくは将来生じ得る重大な不利益を回避することができないとの不安をあおり，又はそのような不安を抱いていることに乗じて，その重大な不利益を回避するためには，当該消費者契約を締結することが必要不可欠である旨を告げること。

九　当該消費者が当該消費者契約の申込み又はその承諾の意思表示をする前に，当該消費者契約を締結したならば負うこととなる義務の内容の全部若しくは一部を実施し，又は当該消費者契約の目的物の現状を変更し，その実施又は変更前の原状の回復を著しく困難にすること。

十　前号に掲げるもののほか，当該消費者が当該消費者契約の申込み又はその承諾の意思表示をする前に，当該事業者が調査，情報の提供，物品の調達その他の当該消費者契約の締結を目指した事業活動を実施した場合において，当該事業活動が当該消費者からの特別の求めに応じたものであったことその他の取引上の社会通念に照らして正当な理由がある場合でないのに，当該事業活動が当該消費者のために特に実施したものである旨及び当該事業活動の実施により生じた損失の補償を請求する旨を告げること。

- 退去しにくい場所につれこんで勧誘するもの
- 電話等で相談したいという消費者の要望を妨げるもの
- 社会生活上の経験不足による不安に付け込むもの
- いわゆるデート商法などの人間関係に付け込むもの
- 高齢者等の不安に付け込むもの

- いわゆる霊感商法
- 契約前に履行してしまい契約を押し付けるもの

　以上の取消事由については，QⅡ-13以下に取消事由ごとに取り上げていますので，各項目を参照ください。

（QⅡ-13）不退去・退去妨害 ——困惑による取消事由(1)

不退去・退去妨害とはどういう場合を指しますか。

 事業者が勧誘している場所が消費者の自宅や職場の場合は不退去が，それ以外の場所が退去妨害が取消事由になります。事業者が，消費者が断れないような状況に追い込んで契約を押し付けた場合も，取消できる場合があります。

◆ 1号——不退去，つまり「居座り」

　事業者による勧誘が，消費者の自宅や職場で行われている場合で，消費者が事業者に対し，その場所から退去すべき旨の意思を示したにもかかわらず，それらの場所から退去しないことにより，消費者が困惑して契約した場合です。

　たとえば，事業者が消費者の自宅や職場で契約の勧誘をしている場合に，消費者が「帰ってほしい」と要求しているのに無視して居座り勧誘を続けたため，消費者が困ってしまって契約する結果になったときなどが対象になります。

◆ 2号——退去妨害

　勧誘の場所が上記以外の場合の規定です。

　事業者が契約の勧誘をしている場所から，消費者が退去する旨の意思を示したにもかかわらず，その場所から消費者を退去させないことによって困惑させて契約させた場合です。

　事業者の店や事務所，喫茶店や路上などで契約の勧誘がされている場合が対

象になります。消費者が「帰りたい」と要求しているにもかかわらず，引き留めて勧誘を続けて契約を押し付けた場合が対象になります。物理的に帰りにくくする場合だけでなく，心理的に帰りにくい状態に追い込む場合も対象になります。

QⅡ-14　退去できない場所で勧誘した場合──困惑による取消事由(2)

退去できない場所での勧誘とは具体的にはどんな場合ですか。

　事業者が本件契約の勧誘目的であることを告げずに，消費者が自分で立ち去ることが難しい場所で勧誘した場合です。消費者が断れない状況に追い込んで勧誘した点が，ポイントです。

◆ 取消事由の要件（法4条3項3号）

以下の要件を満たしていれば，取消できます。

- 事業者が，
- 本件のような消費者契約の締結について勧誘をすることを告げずに，
- その消費者が任意に退去することが困難な場所であることを知りながら，
- その消費者をその場所に同行し，
- その場所において当該消費者契約の締結について勧誘をすること。

◆ 典型的な事例

無料バス旅行に当たったなどといってバス旅行に連れて行き，連れていかれた消費者には帰り道が分からない状態の場所で契約の勧誘をするケースなどが典型例です。高齢者を対象にした高額な布団，呉服などで被害例があります。

連れていかれた消費者が，自分で自由に帰ることができない場所であり，事業者にも認識があれば対象になります。

QⅡ-15　勧誘時に第三者との相談を妨害した場合——困惑による取消事由(3)

消費者が誰かに相談したい場合はよくあると思いますが，取消できるのはどんな場合ですか。

A　勧誘されているときに，電話やメールで相談したいと求めたのに妨害されて契約を押し付けられた場合が対象になります。

◆取消事由の要件（法4条3項4号）

下記の要件をすべて満たしているときに，契約を取消しできます。

- 勧誘を受けている場所において，
- 消費者が本件の消費者契約を締結するか否かについて相談を行うために電話やメールで第三者に相談するための連絡したいと要求したのに，
- 事業者が，威迫する言動を交えて，連絡することを妨げること。

◆典型例

　勧誘されている消費者が，「親に相談したいので，電話を架けたい」と要望したのに，事業者が威嚇的な態度で「大人なんだから自分で契約しろ」と迫ったような事例が典型素です。その場所で電話やメールで相談したいと消費者が要求していることが必要です。

　また，「今は決められないので，帰って相談の上で回答したい」ということも少なくないと思われますが，帰って相談したいといっているのにその場での契約締結を迫ったという場合は，取消対象にはなりません。

QⅡ-16　社会生活上の経験不足による不安に付け込む場合──困惑による取消事由(4)

社会生活上の経験不足による場合とは，若者の消費者被害を指しますか。過大な不安に付け込むとはどういう場合でしょうか。

A 社会生活上の経験の不足による被害の典型的なものは絶対的な社会経験が足りない若者の消費者被害ですが，契約の内容によっては若者に限りません。過大な不安とは，もともと消費者が抱く不安が過大な場合もありますが，事業者が不安を掻き立てて過大なものにし，さらにそれをあおるような場合が多いかと思われます。

▶取消事由の要件（法4条3項5号）

事業者が消費者の不安をあおって契約を締結させる場合の取消事由です。適用要件は下記のとおりです。社会生活上の経験の不足がポイントです。

① 勧誘相手の消費者が，社会生活上の経験が乏しいこと。

　典型的なものは消費者が若者の場合です。ただし，若者ではなくても，その消費者にとって経験が乏しい場合には，対象になります。

　たとえば，熟年消費者が預貯金以外の金融商品の経験がない場合には，金融商品については経験不足といえます。

② 次に掲げる事項に対する願望の実現に過大な不安を抱いていることを知りながら，その不安をあおり，契約の目的となるものが願望を実現するために必要である旨を告げること。対象となる事項として，

- 進学，就職，結婚，生計その他の社会生活上の重要な事項
- 容姿，体型その他の身体の特徴または状況に関する重要な事項

の二つが定められています。ただし，これは例示です。限定列挙ではないので，上記の二つ以外でも対象になります。

◆「過大な不安を抱いていることを知りながら」とは

「ある願望の実現について過大な不安を抱いていることを知りながら」とは，もともと消費者が過大な不安を抱いており，事業者がこれを知ってさらに不安をあおったという場合が対象になることは当然ですが，そのような場合に限られるわけではありません。消費者が誰でも抱くような漠然とした不安を抱いているのに付け込んで，不安をあおって過大な不安を抱かせ，さらに不安をあおって契約をさせる場合も取消しができます。現実には，こちらの方が多いかもしれません。

◆具体的な事例

たとえば，就職活動中の大学生に近づいて「自分だけで努力してもダメ。大学の指導はあてにならない」などと言って不安をあおり，消費者の不安が大きくなったことに付け込んでさらに不安をあおり，高額な就活セミナーの契約に追い込むケースなどが典型です。

ただし，たとえば，病院で医師が，検査の結果消費者が癌であることが判明し，標準治療である外科手術を勧める場合のように合理的な根拠や正当な理由がある場合には，取消しはできません。

QⅡ-17　いわゆるデート商法など ——困惑による取消事由(5)

いわゆるデート商法が取消事由になるということですが，法律による要件はどのようなものですか。

 A 社会生活上の経験が乏しいことに付け込んで，個人的な人間関係を装い，その人間関係に付け込むものです。デート商法は典型例ですが，それ以外の通常の友人関係を超える個人的な親しい人間関係も対象になります。

◆ 取消事由の要件（法4条3項6号）

特に親しい個人的な人間関係を偽装し，その関係に付け込んで契約させるタイプの取消事由です。適用要件は下記のとおりです。

- 消費者が，社会生活上の経験が乏しいことから，
- 契約の締結について勧誘を行う者に対して恋愛感情その他の好意の感情を抱き，
- かつ，勧誘を行う者も消費者に対して同様の感情を抱いているものと誤信していることを知りながら，
- これに乗じ，
- 契約を締結しなければ当該勧誘を行う者との関係が破綻することになる旨を告げること。
- 以上により，消費者が困惑して契約を締結したこと。

◆ 恋愛感情その他の好意の感情とは

恋愛感情の典型例は，異性の勧誘者に対する恋愛感情で，これに乗じた手口がいわゆるデート商法です。宝飾品の販売や不動産投資（賃貸用マンションの販売など）の契約などが典型です。恋愛感情は，異性に限りません。

また，個人的に特別に親しい感情も含まれます。たとえば，若者被害で，同性の少し年上の勧誘員が，「なんでも相談に乗るから」と言って近づき，消費

者がいろいろと個人的な相談に乗ってもらっているといった状況に引き込み，この人間関係を壊したくないという心理に付け込んで高額な契約を押し付ける場合。また，高齢者に若い勧誘員が「息子や孫よりも優しい」関係を作り出し，その関係に乗じて契約を押し付けるといったケースでも対象になりえます。

◆ 社会生活上の経験に乏しいの意味

　若者が典型ですが，契約の内容によっては若者に限りません。金融商品や投資の経験が全くない高齢者であれば，投資関係の契約については経験が乏しいといえます。さらには，高齢になって孤立化したり体が不自由になるなどによる社会的経験は，だれでも乏しいものです。

（QⅡ-18）高齢者等の不安に付け込む場合 ──困惑による取消事由⑹

高齢者等の不安に付け込んだ場合の取消制度については，どのように定められていますか。

 　高齢者等の判断力の低下による不安に付け込んで，このままでは生活が維持できなくなるといった不安をあおって契約を押し付けるものが対象になります。

◆ 取消事由の要件　（法４条３項７号）

　下記の要件を満たした場合に，取り消しができます。

- その消費者が，加齢または心身の故障によりその判断力が著しく低下していること。
- それにより，生計，健康その他の事項に関しその現在の生活の維持に過大な不安を抱いていること。
- 事業者が，その消費者の不安を知っていること。
- 事業者が，さらに，その不安をあおったこと。

- 当該消費者契約を締結しなければその現在の生活の維持が困難となる旨を告げること。
- それにより消費者が困惑して契約したこと。

　ただし，裏付けとなる合理的な根拠がある場合その他の正当な理由がある場合には，事業者としては，正当な情報提供と評価されるので，取り消すことはできません。

◆「加齢又は心身の故障により」の意味

　典型的なものは高齢者の不安に付け込む場合ですが，高齢者には限られません。病気や事故，身体的あるいは精神的な各種の障害を抱えている場合も含まれます。

◆「生計，健康その他の事項に関しその現在の生活の維持に過大な不安を抱いていること」の意味

　高齢者等であれば，誰でも，多少は老後の生活について漠然とした不安を抱いていることが少なくないのではないかと思われます。ここでは，誰でも抱く漠然とした不安ではなく，具体的な不安を指して，このように表現されていると解釈できます。

　漠然とした不安を抱いている高齢者に対して，事業者が，その不安をあおって具体化し，さらに不安をあおって契約に追い込むような場合は，取り消すことができると考えられます。住まいに関する不安をあおる悪質住宅リフォーム，老後の金銭的不安に付け込む資産運用取引や保険契約，健康に付け込む健康食品や健康器具など，様々なものが考えられるでしょう。

QⅡ-19　いわゆる霊感商法 ──困惑による取消事由(7)

霊感商法も取消事由となったということですが，それはどのようなものですか。

A 霊感などの科学的根拠などの合理的根拠もないのに不利益を告げて消費者の不安をあおって，不利益を回避するために必要と信じさせて契約に追い込むものを意味します。

Ⅱ 消費者契約法

◆ はじめに

　霊感商法とか霊視商法などといわれる被害があります。いろいろな悩みを持っている消費者に近づいて，「祖先の霊がたたっている。このままだともっとひどいことが起こる。これを防止できるのは，あなただけ」などと脅して，つぼなどの商品を法外な価格で購入させたり，祈祷料・占い費用などとして法外な対価を収奪します。

　こうした事例は，民事訴訟になることも少なくなく，不法行為による損害賠償が認められる裁判例が蓄積されてきました。しかし，不法行為による損害賠償請求は，民事訴訟によらなければならないことが多く，また訴訟での違法性の証明が容易でないこともあり，消費者被害救済の方法としては十分なものとは言えませんでした。

　そこで，霊感商法などに関する裁判例で不法行為責任が認められた事例を参考に，消費者契約法による取消事由として導入されたものです。これにより，消費生活相談においても被害救済が容易になりました。

◆ 取消事由の要件（法4条3項8号）

適用要件は以下のとおりです。

• 消費者に対し，下記を告げて不安をあおること。
• 霊感その他の合理的に実証することが困難な特別な能力による知見として，
• そのままでは当該消費者又はその親族に重大な不利益を与える事態が生ず

る旨を示して,

- その契約を締結することにより確実にその重大な不利益を回避することができる旨を告げ,
- 以上により消費者が困惑して契約したこと。

◆「霊感その他の合理的に実証することが困難な特別な能力による知見」とは

　たとえば悩みを持っている人の相談に乗るなどといって悩みを聞き出し,「それは祖先の霊がたたっている」とか「水子がたたっている」などと述べるような場合が該当します。占い師などによる占いなども対象になりえます。

　この場合の消費者の不安は,過大な不安である必要はありません。

ⓆⅡ-20　契約締結前に実施したことによる契約の押し付けの場合 ——困惑による取消事由(8)

契約締結前に事業者が実施したことによって契約を押し付けた場合とは,どんな時を指しますか。

 例えば,業者が契約締結前に契約したら実施することになる可能性のある作業をしたうえで,契約を押し付けたり,契約の全段階での調査や説明を理由に,契約の自由な選択を妨げるなどの手口などが考えられます。

◆取消事由の要件（法4条3項9号,10号）

　取消事由としては,9号と10号に分けて規定されています。9号は,契約締結前に契約をしたら約束することになる可能性のある債務の履行をして元に戻すことが難しい状態にしたり,売買契約で引渡すことになる商品の現状に変更

を加えて元に戻すことを難しくしたりして契約を押し付ける場合を，10号では，それ以外で事業者が契約締結前に行ったことを理由に契約を押し付ける行為をした場合を定めています。いずれも，契約機締結前に事業者が行ったことを口実にして契約の自由を妨げる点を問題にした類型です。

(1)　9号の要件

- 消費者が契約の申込み又はその承諾の意思表示をする前に，
- 事業者が，その契約を締結したならば負うこととなる義務の内容の全部若しくは一部を実施し，又はその契約の目的物の現状を変更し，
- その実施又は変更前の原状の回復を著しく困難にすること。

(2)　10号の要件

- 前号に掲げるもののほか，
- 契約の申込み又はその承諾の意思表示をする前に，
- 事業者が調査，情報の提供，物品の調達その他のその消費者契約の締結を目指した事業活動を実施した場合において，
- その事業活動が消費者からの特別の求めに応じたものであったことその他の取引上の社会通念に照らして正当な理由がある場合でないのに，
- その事業活動が消費者のために特に実施したものである旨及び事業活動の実施により生じた損失の補償を請求する旨を告げること。

◆ 典型例

　契約締結前に，側溝の洗浄工事やリフォーム工事などを実施し作業の対価の請求をしたり，無料点検と言いながら点検後に消費者が契約をしたくない意向を示したのに対して，高額な補填や日当などを要求して契約を強いるケースなどが典型例です。さらに，売買契約締結前に，対象の商品の梱包をはがしてしまい，契約しないなら元に戻せなどと無理難題を要求して購入せざるを得ない状況に追い込むようなケースも対象になります。

過量販売による取消事由

取消事由の過量販売については，どのように定められて
いますか。通常の店舗での取引も対象になりますか。

A 消費者契約法4条4項で定められています。消費者契約であれば，店
舗取引も対象になります。

◆ 制度の趣旨

　事業者が，消費者の経済事情や暮らしぶりを知っている場合で，その消費者
の日常生活で必要な分量を著しく超えていることを知りながら，契約の締結に
ついて勧誘をして，同種の商品やサービスを大量に契約させた場合に，その契
約を取消しできるものとしたものです。

　病気などで判断力が低下した消費者などが販売店に入りびたっているのをい
いことに，非常識な分量の呉服などを契約させていたケースで，不法行為によ
る損害賠償や一部の契約について公序良俗違反を理由に無効と判断した裁判事
例があります。このようなケースについて，消費者被害を救済しやすくするた
めに取消事由として導入したものです。

◆ 取消事由の要件（法4条4項）

　適用要件は，以下のとおりです。

- 対象になるのは，同種の商品や役務です。
- 事業者が，その消費者にとっての通常の分量等（商品の数量，役務提供の
  回数や期間など）を著しく超えるものであることを知っていること。
- 事業者が，その契約の締結について勧誘をして契約させた場合であること。

◆「消費者にとっての必要な分量」の意味

　「その消費者にとっての必要な分量」については，同法はカッコ書において
「消費者契約の目的となるものの内容及び取引条件並びに事業者がその締結に
ついて勧誘をする際の消費者の生活の状況及びこれについての当該消費者の認

識に照らして当該消費者契約の目的となるものの分量等として通常想定される分量等をいう。」と定めています。

◆ 複数回の契約も含まれるか

　一度の契約で，明らかにその消費者の生活では必要がない大量な契約をさせた場合に，その契約を取消しができます。

　さらに，次々と何回にもわたり同種の商品を契約させた場合はどうでしょうか。1回の契約で販売する商品や役務の分量はごく普通だったとしても，何回も繰り返し契約させた場合には，累積していくとある段階から「著しく過量」になっていきます。これがいわゆる「次々販売」といわれる被害状況です。

　このような場合にも，「消費者が既に当該消費者契約の目的となるものと同種のものを目的とする消費者契約（「同種契約」という。）を締結し，当該同種契約の目的となるものの分量等と当該消費者契約の目的となるものの分量等とを合算した分量等が当該消費者にとっての通常の分量等を著しく超えるものであることを知っていた場合において，」その契約を取り消すことができると定めています。

◆ 特定商取引法の過量販売解除制度との違い

　特定商取引法にも，過量販売に関する規定があります。訪問販売と電話勧誘販売について，過量販売解除制度を設けています。消費者契約法の過量販売取消制度と特定商取引法の過量販売解除制度の違いについては，適用対象取引・過量販売の要件・解除か取消しか・清算方法などかなりの違いがあります。この違いについては特定商取引法の訪問販売に関する解説部分（QⅢ−12）を参照ください。

〔消費者契約法〕

第4条（略）

　4　消費者は，事業者が消費者契約の締結について勧誘をするに際し，物品，権利，役務その他の当該消費者契約の目的となるものの分量，回数又は期間（以下この項において「分量等」という。）が当該消費者に

とっての通常の分量等（消費者契約の目的となるものの内容及び取引条件並びに事業者がその締結について勧誘をする際の消費者の生活の状況及びこれについての当該消費者の認識に照らして当該消費者契約の目的となるものの分量等として通常想定される分量等をいう。以下この項において同じ。）を著しく超えるものであることを知っていた場合において，その勧誘により当該消費者契約の申込み又はその承諾の意思表示をしたときは，これを取り消すことができる。事業者が消費者契約の締結について勧誘をするに際し，消費者が既に当該消費者契約の目的となるものと同種のものを目的とする消費者契約（以下この項において「同種契約」という。）を締結し，当該同種契約の目的となるものの分量等と当該消費者契約の目的となるものの分量等とを合算した分量等が当該消費者にとっての通常の分量等を著しく超えるものであることを知っていた場合において，その勧誘により当該消費者契約の申込み又はその承諾の意思表示をしたときも，同様とする。

Q II-22　媒介業者による取消事由

不動産の売買契約で，販売業者ではなく媒介業者である不動産会社が取消事由に該当する行為をした結果，消費者が誤認したり困惑して契約した場合は，売買契約を取り消すことができますか。

 消費者契約法では，販売業者が媒介の委託をした媒介業者が取消事由に該当する行為をした結果消費者が誤認したり困惑して契約を締結した場合には，売買契約を取り消すことができます，

◆ 民法では

民法では，販売業者の詐欺または強迫による契約は，その相手方は取り消す

ことができると定めています。対等当事者間でも，契約相手に対する不当な干
渉によって判断を歪めた場合には，契約相手に取消権を与えているわけです。
ただし，民法上の詐欺や強迫には，販売業者側に二重の故意（詐欺の場合であ
れば，錯誤に陥らせようとの故意と，錯誤によって契約させようとの故意）を
必要とするなど，要件が厳しく設定されています。

　そして，詐欺による取消しの場合には，契約の当事者である販売業者による
欺罔行為ではない場合，たとえば，媒介業者が欺罔行為を働いた場合には，契
約締結時に販売業者がその事実を知っていた場合でなければ取消しはできませ
ん。

◆消費者契約法では

　消費者契約法では，販売業者が媒介の委託をした媒介業者が取消事由に該当
する行為をし，その結果，消費者が誤認や困惑に陥って契約を締結した場合に
は，消費者は売買契約を取り消すことができます。契約締結時に，販売業者が，
媒介業者が取消事由に該当する行為をした事実を知らなかった場合であっても，
取り消すことができます。この点は，民法の詐欺による取消しとは違う仕組み
になっています。

◆質問の事例の場合

　マンションなどの不動産購入の際に，契約の勧誘をした媒介業者である不動
産会社が，不実の告知などの取消事由に該当する行為をした結果，消費者が誤
認に陥って売買契約を締結した場合を例に考えてみましょう。販売業者は，消
費者と売買契約を締結する際には，媒介業者が取消事由に該当する行為をした
ことは全く知らなかった場合でも，消費者は売買契約を取り消すことができる
か，という問題です。

　この場合には，その媒介業者に対して販売会社が媒介の委託をしていた場合
には（不動産売買では，通常は販売会社は，媒介業者に委託しています），販
売会社が媒介業者の取消事由について知らなくても，消費者は，売買契約を取
り消すことができます。

〔消費者契約法〕

（媒介の委託を受けた第三者及び代理人）

第5条 前条の規定は，事業者が第三者に対し，当該事業者と消費者との間における消費者契約の締結について媒介をすることの委託（以下この項において単に「委託」という。）をし，当該委託を受けた第三者（その第三者から委託（二以上の段階にわたる委託を含む。）を受けた者を含む。以下「受託者等」という。）が消費者に対して同条第1項から第4項までに規定する行為をした場合について準用する。この場合において，同条第2項ただし書中「当該事業者」とあるのは，「当該事業者又は次条第1項に規定する受託者等」と読み替えるものとする。

2 消費者契約の締結に係る消費者の代理人（復代理人（二以上の段階にわたり復代理人として選任された者を含む。）を含む。以下同じ。），事業者の代理人及び受託者等の代理人は，前条第1項から第4項まで（前項において準用する場合を含む。次条から第7条までにおいて同じ。）の規定の適用については，それぞれ消費者，事業者及び受託者等とみなす。

 QⅡ-23 # 不当条項制度の意味

不当条項制度の意味と効果を教えてください。

A 消費者契約の契約条項の中で，消費者にとって著しく不当な条項を無効とする制度です。契約そのものは有効に成立しますが，不当な契約条項のみが無効とされるので，その条項が問題となるような事態が起こった時には，契約条項により解決するのではなく，民法の規律によって解決することになります。

◆ 民法の基本原則

民法では，契約については契約自由の原則によります。民法の規定は，一部

の強行規定を除くと，多くは任意規定です。契約当事者間で，任意規定と異なった取決めをした場合には，当事者間の取決めが優先されることになります。民法91条の規定は，上記のことを意味しています。契約は，典型的な法律行為です。「法令中の公の秩序に関しない規定」とは，任意規定を意味します。

> 〔民　法〕
> （任意規定と異なる意思表示）
> 第91条　法律行為の当事者が法令中の公の秩序に関しない規定と異なる意思を表示したときは，その意思に従う。

◆ 消費者契約の特徴

　上記の考え方は，契約当事者が完全に対等な者同士であることが前提となっています。対等な者同士の間で，任意規定とは異なる取決めをした以上は，契約当事者双方にとってそれが最も合理的だったからであろう，という考え方に立っているわけです。

　対等な当事者間であれば，上記の考え方は合理性があると考えられます。しかし，消費者契約の場合には，契約当事者双方は対等ではありません。消費者と事業者との間には，情報の質と量，交渉力などの様々な格差があります。また，消費者契約では契約条項を決めているのは事業者です。民法が想定しているように，個別の契約ごとに事業者と消費者とが対等な立場で交渉して双方が納得できる契約条項を決めているわけではありません。

　消費者にはその取引についての経験が乏しいことが多く，十分な情報もないので，事業者が決めた契約条項の意味するところ，つまり「その条項はどういう場合に適用され，どのような結論になるのか」がよく理解できないことが少なくありません。また，消費者には，事業者と対等な交渉力はないので，事業者が用意した契約条項を自分が納得できる契約条項に変更してくれるように交渉する力がないことが普通です（クレジットカードや携帯電話の通信契約などの契約条項を想定してみてください）。

◆ 不当条項制度の意義

　事業者が一方的に決めた契約条項で消費者が契約した場合にも，民法によると，事業者が一方的に決めた契約条項を消費者に押し付ける結果となります。そこで，このような格差を是正するために，民法91条の考え方を修正することが必要とされました。

　消費者にとって一方的に著しく不当な契約条項は無効とする制度を導入したわけです。「不当」の判断基準は，民法等の任意規定によります。任意規定は，条文化されているものに限りません。

　ただ，このような抽象的な基準では，具体的にどのような条項が不当条項に該当するかが判断しにくいという問題があります。これは，消費者のための制度としては，民事裁判で裁判官に判断してもらわなければならないことが多くなって，使い勝手が悪く十分とは言えません。そこで，「この規定は，不当条項に該当する」とする明確な規定も設けています（法8条〜9条）。この点については，次のQⅡ-23以下で紹介しています。

◆ 不当条項制度の効果

　契約条項の中に，不当条項に該当する条項がある場合には，その条項だけが無効とされます。契約自体は有効に成立します。

　その契約に関して，不当条項によって処理しなければならない事態が生じたときに問題が起こります。不当条項は無効ですから，契約で取決めがされていても，その不当な取決めによることにはなりません。当事者間で取決めが為されていなかった場合と同様に，民法等の任意規定に基づいて処理することになります。

　不当条項ははじめから無効です。取消制度や解除制度のように，消費者から事業者に対して通知をしてはじめて無効になるというものではありませんし，行使期間に制限があるわけでもありません。

　ただし，無効だからといって，消費者が黙っていてよいわけではありません。現実には，消費者からの要求がなければ事業者は契約条項に基づいた対処をしてきます。そこで，実務上は，消費者としては，事業者に対して，「この条項は不当条項に該当するので無効です。民法等によればこのような処理になるの

で，そうしてください。」と通知をすることが必要ということになります。

(QⅡ−24) どのようなものが不当条項か

消費者契約法では，どのようなものが不当条項に該当すると定めていますか。

 消費者契約法では，事業者の損害賠償責任を免除する条項，消費者の解除権を放棄させる条項，成年後見等の開始の審判のみを解除原因とする条項，消費者の損害賠償責任を加重する条項，それ以外の条項でも不当条項に該当することとなる要件を示した規定（＝一般条項）を定めています。

◆ 事業者の免責条項（法8条）

　民法では，契約当事者の債務不履行や不法行為について損害賠償責任を定めています。これらの規定は任意規定です（民法415条以下，同法709条以下）。

　消費者契約において，事業者が以上の損害賠償責任を一切負わない旨の条項（全部免責条項）を定めたとしても，この条項は無効です。損害賠償責任を一部に限定した条項（一部免責条項）は，原則として有効ですが，事業者に故意または重大な過失がある場合には，無効です。また損害賠償責任の有無を事業者が決める旨の条項も無効です。

　ただし，売買契約において，引き渡された商品が契約の内容に適合しなかった場合については，一部例外があります（法8条2項）。

　下記の3項の規定は，一部免責条項のうち，事業者が負う損害賠償責任の範囲があいまいな規定（こうした条項をサルベージ条項と言います）を無効とするものです。

（事業者の損害賠償の責任を免除する条項等の無効）
第8条　次に掲げる消費者契約の条項は，無効とする。

　一　事業者の債務不履行により消費者に生じた損害を賠償する責任の全部を免除し，又は当該事業者にその責任の有無を決定する権限を付与する条項

　二　事業者の債務不履行（当該事業者，その代表者又はその使用する者の故意又は重大な過失によるものに限る。）により消費者に生じた損害を賠償する責任の一部を免除し，又は当該事業者にその責任の限度を決定する権限を付与する条項

　三　消費者契約における事業者の債務の履行に際してされた当該事業者の不法行為により消費者に生じた損害を賠償する責任の全部を免除し，又は当該事業者にその責任の有無を決定する権限を付与する条項

　四　消費者契約における事業者の債務の履行に際してされた当該事業者の不法行為（当該事業者，その代表者又はその使用する者の故意又は重大な過失によるものに限る。）により消費者に生じた損害を賠償する責任の一部を免除し，又は当該事業者にその責任の限度を決定する権限を付与する条項

2　前項第1号又は第2号に掲げる条項のうち，消費者契約が有償契約である場合において，引き渡された目的物が種類又は品質に関して契約の内容に適合しないとき（当該消費者契約が請負契約である場合には，請負人が種類又は品質に関して契約の内容に適合しない仕事の目的物を注文者に引き渡したとき（その引渡しを要しない場合には，仕事が終了した時に仕事の目的物が種類又は品質に関して契約の内容に適合しないとき。）。以下この項において同じ。）に，これにより消費者に生じた損害を賠償する事業者の責任を免除し，又は当該事業者にその責任の有無若しくは限度を決定する権限を付与するものについては，次に掲げる場合に該当するときは，前項の規定は，適用しない。

　一　当該消費者契約において，引き渡された目的物が種類又は品質に関して契約の内容に適合しないときに，当該事業者が履行の追完をする責任又は不適合の程度に応じた代金若しくは報酬の減額をする責任を負うこととされている場合

　二　当該消費者と当該事業者の委託を受けた他の事業者との間の契約又

は当該事業者と他の事業者との間の当該消費者のためにする契約で，当該消費者契約の締結に先立って又はこれと同時に締結されたものにおいて，引き渡された目的物が種類又は品質に関して契約の内容に適合しないときに，当該他の事業者が，その目的物が種類又は品質に関して契約の内容に適合しないことにより当該消費者に生じた損害を賠償する責任の全部若しくは一部を負い，又は履行の追完をする責任を負うこととされている場合

3　事業者の債務不履行（当該事業者，その代表者又はその使用する者の故意又は重大な過失によるものを除く。）又は消費者契約における事業者の債務の履行に際してされた当該事業者の不法行為（当該事業者，その代表者又はその使用する者の故意又は重大な過失によるものを除く。）により消費者に生じた損害を賠償する責任の一部を免除する消費者契約の条項であって，当該条項において事業者，その代表者又はその使用する者の重大な過失を除く過失による行為にのみ適用されることを明らかにしていないものは，無効とする。

◆ 消費者の解除権を放棄させる条項（法8条の2）

　民法では，契約当事者に債務不履行があった場合には，軽微な場合を除いて，契約相手には債務不履行解除権があります。この規定は任意規定です。

　ただし，消費者契約では，消費者からの債務不履行解除権を放棄させる条項は無効です。たとえば，「消費者はいかなる場合も，契約の解除はできません。」などの条項が典型例です。

〔民　法〕

（解除権の行使）

第540条　契約又は法律の規定により当事者の一方が解除権を有するときは，その解除は，相手方に対する意思表示によってする。

　2　前項の意思表示は，撤回することができない。

（催告による解除）

第541条　当事者の一方がその債務を履行しない場合において，相手方が相当の期間を定めてその履行の催告をし，その期間内に履行がないときは，相手方は，契約の解除をすることができる。ただし，その期間を経過した時における債務の不履行がその契約及び取引上の社会通念に照らして軽微であるときは，この限りでない。

〔消費者契約法〕
（消費者の解除権を放棄させる条項等の無効）
第8条の2　事業者の債務不履行により生じた消費者の解除権を放棄させ，又は当該事業者にその解除権の有無を決定する権限を付与する消費者契約の条項は，無効とする。

◆ 消費者の成年後見等の開始のみを解除事由とする条項（法8条の3）

　民法には，判断能力が低下した人も人間らしい自立した生活ができるように支援する仕組みとして成年後見・保佐・補助の制度を設けています。

　ところが，消費者契約の中には，契約当事者である消費者が判断能力が低下したため，これらの制度を利用したところ，それを理由に契約解除ができる旨の条項を設けている場合があります。たとえば，賃貸住宅の契約で，賃借人が成年後見開始等の審判を受けた場合に契約解除できるとの条項を設けておき，入居者である高齢者が成年後見や保佐などの開始の審判を受けると，契約条項を根拠に契約を解除して退去を求める事例があります。

　このような条項は無効です。

〔消費者契約法〕
（事業者に対し後見開始の審判等による解除権を付与する条項の無効）
第8条の3　事業者に対し，消費者が後見開始，保佐開始又は補助開始の審判を受けたことのみを理由とする解除権を付与する消費者契約（消費者が事業者に対し物品，権利，役務その他の消費者契約の目的となるも

のを提供することとされているものを除く。）の条項は，無効とする。

◆ 消費者の損害賠償責任を加重する条項

　消費者であっても契約を守る義務があります。消費者が契約を守らなかった場合には，損害賠償責任を負う場合があります。また，消費者が負担する債務が金銭債務である場合には，消費者が支払期限を守らなかった場合には，遅延損害金が発生します。これらの損害賠償については，民法では，契約で法定利率（2024年現在は年利３％）よりも高い割合の遅延損害金を契約で定めた場合には，約定利率によるとされています。また，契約で損害賠償の予約について定めた場合には，約定によることになります。

　消費者契約法では，事業者が消費者の損害賠償責任を高額に定めることを抑止するために一定の規制を設け不当条項としました。

(1)　契約の解除に伴う損害賠償の予約についての契約条項

　その事業者の，その種の契約についての，契約解除の時期や理由などの区分ごとの平均的損害を超える場合には，平均的損害を超える部分は無効です。

　つまり，契約条項で高額な内容に決められていたとしても，消費者は，その事業者の平均的損害の部分を支払えばよく，それを超える部分を支払う義務はないという意味です。なお，平均的損害の証明責任は消費者にあるとされています（最高裁判決による）。

　しかし，当該契約における当該事業者が被る平均的損害は，その事業者の内部事情によるものです。消費者には，具体的なその事業者の内部事情はわかりません。証明のために必要な証拠類もすべて事業者内部のものです。そのため，平均的損害を個々の消費者が証明することは極めて難しく，活用しにくい規定となっています。

　そこで，2022年改正で，消費者から請求があった場合には，事業者は，契約解除に伴う違約金等の算定根拠の概要を消費者に対して情報提供するよう努力することとの規定が導入されました。ただし，あくまでも算定根拠の概要の説明でよく，さらに努力義務にとどまっている点は，今後に課題を残すことになりました。

(2)　金銭債務の遅延損害金

　売買代金等の金銭債務の支払いを消費者が怠っている場合の遅延損害金の定めについて，遅延している元金の年利14.6％を上限とし，これを超える部分は無効です。つまり，消費者は，契約条項で高率の遅延損害金の定めがある場合でも，遅延している元金と，それに対する遅延期間分の年利14.6％の遅延損害金を支払えばよいという意味です。

〔民　法〕

（債務不履行による損害賠償）

第415条　債務者がその債務の本旨に従った履行をしないとき又は債務の履行が不能であるときは，債権者は，これによって生じた損害の賠償を請求することができる。ただし，その債務の不履行が契約その他の債務の発生原因及び取引上の社会通念に照らして債務者の責めに帰することができない事由によるものであるときは，この限りでない。

2　前項の規定により損害賠償の請求をすることができる場合において，債権者は，次に掲げるときは，債務の履行に代わる損害賠償の請求をすることができる。

　一　債務の履行が不能であるとき。

　二　債務者がその債務の履行を拒絶する意思を明確に表示したとき。

　三　債務が契約によって生じたものである場合において，その契約が解除され，又は債務の不履行による契約の解除権が発生したとき。

（金銭債務の特則）

第419条　金銭の給付を目的とする債務の不履行については，その損害賠償の額は，債務者が遅滞の責任を負った最初の時点における法定利率によって定める。ただし，約定利率が法定利率を超えるときは，約定利率による。

2　前項の損害賠償については，債権者は，損害の証明をすることを要しない。

3　第1項の損害賠償については，債務者は，不可抗力をもって抗弁とすることができない。

（賠償額の予定）

第420条　当事者は，債務の不履行について損害賠償の額を予定すること
ができる。

2　賠償額の予定は，履行の請求又は解除権の行使を妨げない。

3　違約金は，賠償額の予定と推定する。

〔消費者契約法〕

（消費者が支払う損害賠償の額を予定する条項等の無効等）

第9条　次の各号に掲げる消費者契約の条項は，当該各号に定める部分に
ついて，無効とする。

　一　当該消費者契約の解除に伴う損害賠償の額を予定し，又は違約金を
定める条項であって，これらを合算した額が，当該条項において設定
された解除の事由，時期等の区分に応じ，当該消費者契約と同種の消
費者契約の解除に伴い当該事業者に生ずべき平均的な損害の額を超え
るもの　当該超える部分

　二　当該消費者契約に基づき支払うべき金銭の全部又は一部を消費者が
支払期日（支払回数が二以上である場合には，それぞれの支払期日。
以下この号において同じ。）までに支払わない場合における損害賠償
の額を予定し，又は違約金を定める条項であって，これらを合算した
額が，支払期日の翌日からその支払をする日までの期間について，そ
の日数に応じ，当該支払期日に支払うべき額から当該支払期日に支払
うべき額のうち既に支払われた額を控除した額に年14.6パーセント
の割合を乗じて計算した額を超えるもの　当該超える部分

2　事業者は，消費者に対し，消費者契約の解除に伴う損害賠償の額を予
定し，又は違約金を定める条項に基づき損害賠償又は違約金の支払を請
求する場合において，当該消費者から説明を求められたときは，損害賠
償の額の予定又は違約金の算定の根拠（第12条の4において「算定根
拠」という。）の概要を説明するよう努めなければならない。

Ⅱ　消費者契約法

◆ 不当条項に関する一般条項（法10条）

　以上に定める条項以外にも，様々な不当条項があります。そこで，上記以外の条項が不当条項に該当するための判断基準を定めたものが，いわゆる不当条項に関する一般条項です。

　要件は以下の二つです。

(1)　民法等の任意規定に反して，消費者の権利を制限し，消費者の義務を加重する条項であること。任意規定は，成文法である必要はありません。

(2)　信義誠実の原則に反して消費者の利益を一方的に害するものであること。

〔消費者契約法〕

（消費者の利益を一方的に害する条項の無効）

第10条　消費者の不作為をもって当該消費者が新たな消費者契約の申込み又はその承諾の意思表示をしたものとみなす条項その他の法令中の公の秩序に関しない規定の適用による場合に比して消費者の権利を制限し又は消費者の義務を加重する消費者契約の条項であって，民法第1条第2項に規定する基本原則に反して消費者の利益を一方的に害するものは，無効とする。

〔民　法〕

（基本原則）

第1条　私権は，公共の福祉に適合しなければならない。

2　権利の行使及び義務の履行は，信義に従い誠実に行わなければならない。

3　権利の濫用は，これを許さない。

QⅡ-25 差止訴訟制度の意義と役割

消費者契約法は差止訴訟制度を設けています。その意義はどのようなものですか。また，差止めができるのは，誰ですか。

　差止訴訟は適格消費者団体が行うことができます。差し止められることにより，被害の拡大防止ができます。

◆ 差止訴訟の意義

　差止訴訟とは，消費者契約法の取消事由や不当条項に該当する行為をしないようにと差止めを求める訴訟のことです。これらの違法な行為を差し止めることにより，以後の消費者被害を防止することができる効果があります。

　消費者契約法の取消制度や不当条項制度は，被害にあった消費者が自分の被害を解決するために使える制度です。たとえば，ある契約を締結した消費者が，その契約の勧誘時に取消事由があることを理由に契約を取り消すことによって解決することができるというものです。このように消費者契約法は，格差による消費者被害を解決することができる民事ルールを定めたものです。

　しかし，消費者契約では，契約金額が低い一方で，利用者は極めて多数に上るというものが少なくありません。たとえば，携帯電話の利用契約やインターネットサービスの利用契約などは，その典型的なものです。こうした特徴のある契約では，消費者がその契約に納得していない場合でも，訴訟のためにかかる負担を考えると訴訟をすることはほとんど期待できません。半面，事業者の利益は莫大なものになります。こうした事情の下では，事業者が自主的に消費者契約法を遵守することは期待できません。また，消費者契約法は，民法の特別法である純粋な民事ルールですから，業法である特定商取引法のように，違法行為を繰り返す事業者に対して行政処分や刑事罰を科する制度もありません。

　そこで，消費者契約法は，2006年（平成18年）に消費者契約法を改正して，差止訴訟制度を導入しました。これにより，事業者が，消費者契約法を遵守し消費者被害を防止し，取引の適正化が図られることを目指したわけです。

◆ 差止訴訟制度の主体

　差止訴訟を行うことができるのは，消費者契約法に基づいて定められた要件を満たした消費者団体で，内閣総理大臣の認定を受けた適格消費者団体（法2条4項）です。適格消費者団体は，消費者庁のホームページで確認することができます。

　現在，適格消費者団体による差止訴訟制度の対象になっているのは，消費者契約法のほか，景品表示法，食品表示法，特定商取引法に定める違法な行為です。差止訴訟の実績については消費者庁のホームページで紹介されています。

〔消費者契約法〕

第2条（略）

　4　この法律において「適格消費者団体」とは，不特定かつ多数の消費者の利益のためにこの法律の規定による差止請求権を行使するのに必要な適格性を有する法人である消費者団体（消費者基本法（昭和43年法律第78号）第8条の消費者団体をいう。以下同じ。）として第13条の定めるところにより内閣総理大臣の認定を受けた者をいう。

Ⅲ

特定商取引法

QⅢ-1　特定商取引法の制定と改正の経緯

特定商取引法はいつ制定されましたか。また、改正された経緯も教えてください。

 特定商取引法は、1976年（昭和51年）に、訪問販売等に関する法律として制定されました。その後、頻繁に改正されていますが、2000年（平成12年）の改正の際に法律の名称が現在の「特定商取引に関する法律」に改正されたものです。直近の改正は、2021年（令和3年）です。

◆ 制定について

　特定商取引法は、1976年（昭和51年）に、政令で指定された大量生産品の訪問販売と通信販売、および物品を対象にする連鎖販売取引（いわゆるマルチ商法の一部の取引）を規制のために「訪問販売等に関する法律」（以下「訪問販売法」）として制定されました。これは、1960年代から消費者被害が増加していた取引について、一定のルールを設けることにより、販売業者と消費者との間に生じるトラブルを未然に防止することを目的として制定されたものです。同法は、1976年（昭和51年）12月3日より施行されました。

　主な改正経過は、下記のとおりです。

◆ 1984年（昭和59年）改正

　制定当初は、訪問販売の場合のクーリング・オフ期間が4日だったものを7日間に延長する改正をしました。

◆ 1988年（昭和63年）改正

　訪問販売と通信販売の規制対象に、政令で指定する役務取引も加えること、政令指定商品を大量生産品に限定していたものを一点ものにも拡大すること、訪問販売のクーリング・オフを現金取引にも適用があるとするとともに、期間を8日間に延長することなどの改正をしました。連鎖販売取引の規制対象も役

務を対象に拡大し，クーリング・オフ期間も現行の20日間に延長するなどの改正をしています。

◆ 1996年（平成8年）改正

電話勧誘販売を規制対象とするなどの改正をしました。資格商法などで暴力的かつ攻撃的な電話テロとも表現されるような電話勧誘が横行し，生活の平穏が害される事態が多発したことによります。

◆ 1999年（平成11年）改正

エステティックサービス，学習塾，家庭教師，外国語会話教室の4種類の継続的サービス取引を特定継続的役務提供として規制する改正をしました。

◆ 2000年（平成12年）改正

規制対象として，業務提供誘引販売取引を追加する改正を行いました。内職・モニター商法などの被害が多発し，社会問題となっていたことによります。

この時に，法律名称も現在の「特定商取引に関する法律」に改正されました。

◆ 2002年（平成14年）改正

「電子メールによる一方的な商業広告の送りつけ問題」に対応するため，通信販売，連鎖販売取引および業務提供誘引販売取引に関する規制に関して，「広告メールの受信を希望しない旨の意思表示を行った者への再送信の禁止」（オプトアウト）および「広告への表示事項の追加」を内容とする改正がされました。

◆ 2003年（平成15年）改正

特定継続的役務における政令指定役務に，いわゆる結婚相手紹介サービスとパソコン教室を追加指定する改正をしました。

◆ 2004年（平成16年）改正

悪質な訪問販売・電話勧誘販売・マルチ商法などの横行に対処するために次

のような改正などが行われました。(1)から(4)は，訪問販売と電話勧誘販売に関する改正です。

---

(1) 訪問時の勧誘目的などの明示義務

(2) クーリング・オフ妨害行為があった場合のクーリング・オフ期間の延長

(3) 勧誘時に虚偽の事実を告げる禁止行為違反があった場合の契約の取消制度の導入

(4) 連鎖販売取引にも，取消制度を導入するとともに，勧誘時の虚偽の説明による誤認の場合に契約の取消しできる制度を導入

◆ 2008年（平成20年）改正

訪問販売・通信販売・電話勧誘販売の適用対象を政令指定商品・役務に関する取引から原則すべての商品と役務に拡大すること（政令指定権利は維持された），訪問販売による過量販売に解除制度を導入すること，および電子メール広告について，オプトアウトからオプトイン規制に変更するなどの改正をしました。これにより原則として，消費者からの事前の承諾を得ないで広告メールを送信することは禁止されました。

◆ 2012年（平成24年）改正

訪問購入を規制対象に追加する改正をしました。2010年ころから貴金属等の押し買いに関するトラブルが激増したことによります。

◆ 2016年（平成28年）改正

次のような改正が行われました。

---

(1) 訪問販売・通信販売・電話勧誘販売の適用対象取引を従来の指定権利制度から，特定権利に拡大

(2) 電話勧誘販売にも過量販売解除制度を導入

(3) 取消制度の取消期間を追認できる時から６ヵ月だったものを１年間に延長

(4) 行政処分の強化。たとえば，業務停止命令の期間を１年から２年に延長したこと，責任人者個人に対して業務停止命令と合わせて禁止命令ができる制度を導入するなど。

◆ 2021年（令和３年）改正

最新の改正は，2021年の通常国会で成立し，６月16日に公布されました。

通信販売の「定期購入トラブル」の増加，新型コロナウイルス感染症の拡大に伴って多発したマスクの送り付け商法への対策，政府によるデジタル化推進などの理由による改正です。相談業務に深く関わる主な改正点は，下記のとおりです。

改正法の施行日は，(1)については2022年６月から，(3)については2023年６月からです。(2)については2021年（令和３年）７月６日からです。

(1) 通信販売による「定期購入」に関する規制の強化

- インターネット等で申込み入力する場合等の特定申込画面の表示事項の義務付けと不当な表示を禁止する規定の導入
- 誤認させて申込みをさせる勧誘行為（不当な表示）の禁止
- 事業者が特定申込画面の表示規制に違反した表示をし，それにより消費者が誤認して申込みをした場合は申込みを取り消すことができるとした取消制度の導入

(2) 事業者が，いわゆる送り付け商法により商品を送り付けた場合には，事業者は商品の返還請求ができないとする改正

　　つまり，商品を受け取った消費者には保管義務はなく，すぐに処分できるとした改正

(3) 特定商取引法で定める書面交付義務について，消費者の承諾がある場合には電子書面によることができると改正

　　なお，消費者からの承諾の取り方や電子書面の形態などは，政令と主務省令によることとなっている。

あわせて，消費者がクーリング・オフを行う際にも，電子メールでもよいとする改正をした（施行は(1)と同じ）。

 QⅢ-2

特定商取引法の必要性

消費者契約について，消費者契約法のほかに特定商取引法がなぜ必要とされているのでしょうか。

A 消費者契約の中でも，取引方法が特殊であるために消費者と事業者との格差がより大きくなり，そのために消費者被害が多発している取引について規制する必要があるためです。

◆ 消費者契約法で不十分なこと

消費者契約法は，QⅡ-5でとりあげたように労働契約以外のすべての消費者契約について，事業者と消費者との情報の格差と交渉力の格差を是正することを目的としています。つまり，すべての消費者契約を対象に，格差の是正のために何が必要かという観点から制度が設けられています。

ところで，消費者契約でも，消費者が自分から必要なものを店舗に買いに行くいわゆる店舗取引では起こらないような問題が，訪問販売などの特殊な取引方法による取引では発生しています。つまり，特殊な取引方法による場合には，取引方法の特殊性によって通常の消費者契約とは異なる問題が発生することが少なくないということです。

そこで，特殊な取引方法であるために深刻な消費者被害が多発している場合には，消費者契約法だけでは不十分だということから，さらに特別の規制が必要とされるわけです。

◆ どんな問題があるか——取引ごとの問題点

現在の特定商取引法では，①訪問販売，②通信販売，③電話勧誘販売，④連鎖販売取引，⑤特定継続的役務提供取引，⑥業務提供誘引販売取引，⑦訪問購

入について規制しています。それぞれの取引の定義については，各取引ごとに説明しています。

　ここでは，それぞれ，どのような問題があるのかについて簡単に見ておくことにしましょう。

　第一に，事業者から消費者を勧誘してくるタイプの取引では，消費者にとって不意打ちになるという問題があります。この観点から規制している取引が，訪問販売，電話勧誘販売，訪問購入の3種類です。

　第二に，消費者が広告だけを頼りに通信手段で取引をする場合には，広告などの表示が適切になされていないと消費者の適切な選択が阻害されるという問題があります。このように観点から規制しているのが通信販売です。近年では，インターネットの表示を見てネットで注文するタイプものが多くを占めるようになっています。インターネット，たとえばSNSなどでは動画も利用されており，双方向性のあるやりとりも可能になっています。このような取引では，消費者の認識としては，事業者による勧誘があるのではないかと思われますが，現在の特定商取引法上の枠組みでは「広告」ととらえた規制にとどまっています。

　第三が，継続的サービス取引です。継続的サービス取引では契約内容が長期にわたるほか複雑でわかりにくい，契約して利用してみなければサービスの質の判断がしにくい，中途解約や清算についての契約条件を事業者が定めているが消費者にとってわかりにくかったり合理的でない場合が少なくない，などの問題があります。そこで，問題が多発していた継続的サービス取引を対象に，特定継続的役務提供取引として規制しています。

　第四が，利益が得られるといって勧誘して，そのために必要だからと商品やサービスを購入させるタイプの取引です。このタイプの取引で，被害が多発し社会問題となった取引にいわゆるマルチ商法や内職商法があります。前者の一部を連鎖販売取引として，後者の一部を業務提供誘引販売取引として規制しています。

QⅢ-3　目　的

特定商取引法の目的は何ですか。

 A 取引方法が特殊な取引の中から特定の取引を指定し，これらの取引を公正にし，消費者が損害を被ることのないよう防止することを目的としています。

▶ 特定商取引法の目的

特定商取引法の1条では，同法の目的について「特定商取引を公正にし，及び購入者等が受けることのある損害の防止を図ることにより，購入者等の利益を保護し，あわせて商品等の流通及び役務の提供を適正かつ円滑にし，もつて国民経済の健全な発展に寄与すること」と定めています。

▶ 特定商取引とは

現在，特定商取引として，同法で規制されている取引はQⅢ-2で説明した7種類の取引です。

同法は，1976年に訪問販売法として制定されたものです。制定当時は，政令で指定された商品を対象にした訪問販売と通信販売，商品を対象にした再販売型の連鎖販売取引の3種類を規制対象としていました。その後，新たな取引方法などにより消費者被害が多発する都度法律の改正により規制対象取引の定義を改めたり，新たな取引を追加して，現在の形になっています。

〔**特定商取引法**〕

（目的）

第1条　この法律は，特定商取引（訪問販売，通信販売及び電話勧誘販売に係る取引，連鎖販売取引，特定継続的役務提供に係る取引，業務提供誘引販売取引並びに訪問購入に係る取引をいう。以下同じ。）を公正にし，及び購入者等が受けることのある損害の防止を図ることにより，購入者等の利益を保護し，あわせて商品等の流通及び役務の提供を適正か

つ円滑にし，もつて国民経済の健全な発展に寄与することを目的とする。

QⅢ-4 特 徴

特定商取引法が消費者契約法とは異なる特徴はどんなことですか。

 消費者契約法は，民法の特別法で私法です。特定商取引法は，公法のうちの業法の性格の法律で，取締規定を定めており，違反業者に対しては行政処分や部分的には刑事処罰の規定がある点が大きな特徴です。

◆ 消費者契約法の法的性質

消費者契約法は民法の特別法です。つまり，純粋な民事ルールです。

トラブルに遭遇した消費者が，事業者との紛争を解決するための民事裁判で活用できる法律です。

消費者契約法を無視した事業活動をしている事業者があったとしても，その事業者を取り締まる行政機関はありません。そのかわりとして，消費者契約法では内閣総理大臣の認定を受けた適格消費者団体が，消費者契約法を無視した行為について差止訴訟ができる制度を導入しています。

◆ 特定商取引法の法的性質と特徴

一方，特定商取引法は，消費者庁が所管する業法としての性質を持っています。特定商取引法の規制を無視した営業活動を続け消費者被害を多発させたり，取引の公正競争を阻害している事業者に対しては，監督官庁が行政処分することができます。行政処分の権限は都道府県知事に委任されています。全国的な被害の場合には，消費者庁が行政処分できます。地域性のある被害については，都道府県が行政処分できます。

部分的に刑事罰の定めがあります。たとえば，訪問販売で販売しながら申込

書面や契約書面を交付していない場合，勧誘の際に特定商取引法で禁止している不実告知などを繰り返している事業者などには懲役刑も含む刑事罰の定めがあります。

　以上のように，特定商取引法は行政法の一種である業法としての性質を持っています。行政処分などを透明性を持って行う必要があります。そこで，特定商取引法は，民法や消費者契約のような民事ルールの運用が民事裁判を行う裁判所の判断にゆだねられているのと異なり，具体的な運用が透明であるように法律だけでなく，政令・主務省令で詳しく定められています。さらに，監督官庁による解釈通達やガイドラインなどで運用上の考え方が示されています。

QⅢ-5　特定商取引法の概要

特定商取引法の概要について教えてください。

 規制対象の7類型の取引ごとに，行政規制と民事ルールが定められています。

◆ 特定商取引法の構成

　同法は，次ページの目次のように構成されています。

　各取引類型ごとに，取引方法に特殊性があり，その特殊性により生ずる消費者被害も違います。そこで，取引類型ごとに取引の公正を維持し消費者被害を防止するための行政規制と，消費者被害を救済するための民事ルールが定められています。

　制定当時は，最初に規制されている訪問販売を法律名称に持ってきて「訪問販売等に関する法律」という法律名でした。その後の改正で規制対象取引が増えていき，「等」の部分の数が多くなったことから，法律名称を「特定商取引に関する法律」と改めたという経過があります。

◆ 特定商取引法の目次

同法の概要を知るためには目次が重要です。目次は次のような構成になっています。

Ⅲ
特定商取引法

◆ 定義規定の場所

訪問販売，通信販売，電話勧誘販売の定義規定は，第2章の最初の条文である2条で定義されています。大づかみにいうと，消費者にとって不意打ち的で販売員が対面して勧誘を行う取引が訪問販売，電話で勧誘して郵便などの通信手段で契約させる非対面取引が電話勧誘販売，事業者による勧誘はなく郵便などで消費者から申込みをする不意打ち性のない取引が通信販売，と区別しています。契約内容については，訪問販売，通信販売，電話勧誘販売は共通です。

　それ以外の取引については，各章の最初の条文で定義しています。残りの4種類の取引は，訪問販売・通信販売・電話勧誘販売のように，消費者が商品・役務・権利を購入する単純な契約ではなく，取引内容に特殊性があります。

　連鎖販売取引と業務提供誘引販売取引とは，儲け話で誘引して物品などを購入させるもの，特定継続的役務提供取引は継続的なサービス契約を規制するもの，訪問購入は消費者が不用品など（四輪自動車や書籍類などの一部を除いて，すべての物品が対象です）を事業者の店舗以外の場所で買取業者に売却するものを対象としています。

特定商取引法の民事ルール

特定商取引法は，消費者被害を救済するための民事ルールとしてどのような制度を設けていますか。

A　取引類型ごとの違いはありますが，消費者が契約を解消することができる制度としては，クーリング・オフ制度，過量販売解除制度，取消制度，中途解約制度があります。

◆ 被害救済の民事ルール

　特定商取引法では，取引類型ごとに，被害にあった消費者がその契約を解消して契約関係から離脱することができる制度を設けています。

　民法や消費者契約法にはない制度や，消費者契約法よりも使いやすいように制度設計がされており，特定商取引の被害の救済をしやすい工夫がされています。

　取引類型ごとに何が原因で，どのような消費者被害が起こるかが異なります。そこで，特定商取引法では，消費者契約法のように規制対象のすべての取引に共通の民事ルールをさだめるのではなく，取引類型ごとにその特殊性に応じて異なる民事ルールを導入しています。

　取引ごとの民事ルールは，次の図に示す一覧のようになっています。

◆ 消費者が契約をやめることができる制度一覧

	クーリング・オフ	過量販売解除	取消し	中途解約権と清算ルール
訪問販売	8日間	1年間	1年間	―
電話勧誘販売	8日間	1年間	1年間	―
通信販売	―	―	1年間 (特定申込のみ)	―
特定継続的役務提供	8日間	―	1年間	契約期間中
連鎖販売	20日間	―	1年間	いつでも。ただし在庫の返品については入会契約から1年間
業務提供誘引販売	20日間	―	1年間	―
訪問購入	8日間	―	―	―

Ⅲ 特定商取引法

◆ それぞれの期間の起算日

- クーリング・オフ　　特定商取引法で定めらたれた申込書面か契約書面を消費者が受け取った日から計算（書面を受け取った日を一日目として計算）
- 過量販売解除　　　　過量販売に該当する契約を締結した日から計算
- 取消期間　　　　　　追認できるときから計算

◆ 通信販売には，クーリング・オフ制度はありません

　かわりに広告表示には，返品制度の有無や内容についての表示義務があり，表示がない場合には，商品を受け取ってから8日間は返品できる制度になっている点が大きな特徴です。

QⅢ-7　行政による規制の概要

特定商取引法に違反した事業者に対しては，監督官庁が行政処分できる仕組みになっているということですが，どのような行政処分ができるのですか。また，所管庁はどこですか。

 行政処分の種類としては，業務を改善するようにとの指示命令，2年間以下の業務停止命令と，禁止命令があります。行政処分は，国と都道府県ができます。

◆ 行政規制の流れ

　特定商取引法の規制に違反している疑いがある事業者が発見された場合には，監督官庁は，その事業者に対して報告を求めたり，立入検査を行うことができます。以上の検査の結果，行政規制に違反していることが判明した場合には，事業者に弁明の機会を与えたうえで，行政処分をします。

　行政処分には，改善のための指示命令，業務停止命令，禁止命令の種類があります。監督官庁は，以上の行政処分をした場合には事業者名や処分の内容について公表しなければなりません。

◆ 業務停止命令

　違反をした事業者に対して，一定の業務の停止を命ずる処分です。契約の勧誘や新規の契約の締結行為の禁止などです。業務停止の期間は，最長で2年間です。

　たとえば，販売会社が株式会社の場合には，その株式会社に対して業務停止命令を行うことができます。

　業務停止命令を受けたにもかかわらず無視して業務を行った場合には，刑事処罰の対象になります。

◈ 禁止命令

　業務停止命令は，違反行為を行った業者に対する命令です。そのため，株式会社に対して業務停止命令を行った場合には，その会社は一定期間業務を行うことを禁止されますが，取締役や従業員個人は業務を停止されるわけではありません。つまり，取締役や従業員は，個人で事業を始めるか，別会社を設立したり別会社に勤務する等して，事業活動をすることができます。

　実は，違法行為を繰り返す会社に対して業務停止命令をしても，取締役や従業員が新たな会社を設立したり，別会社に移ったりして同じような違法行為を繰り返すことが，後を絶ちませんでした。それでは，行政処分は効果を発揮することができません。

　そこで，2016年改正で，業者に対して業務停止命令を出す際には，あわせて取締役や主導権を持っている従業員などの個人に対して，禁止命令ができる制度を導入しました。禁止命令とは，個人に対して別会社を立ち上げたり，個人事業として業務を行うことも禁止する制度です。禁止命令の期間は，業務停止命令と同じ期間です。

◈ 監督官庁

　行政処分の権限は，国と都道府県（自治事務）にあります。

　国として処分権限を持っているのは消費者庁です。

Ⅲ　特定商取引法

QⅢ-8　訪問販売の定義

特定商取引法で規制している訪問販売とはどのようなものですか。セールスマンが消費者の自宅に訪問勧誘にくるものはすべて訪問販売として規制されるのですか。

　特定商取引法では，消費者にとって不意打ち的な取引で，一定の取引について訪問販売として規制しています。訪問販売の定義には，取引方法の要件と，何に関する取引かという観点からの要件とが定められています。また，適用から除外される取引もあるので，注意が必要です。

◆定義のポイント

訪問販売の定義は，取引方法についての要件と何に関する契約かという契約の内容に関する要件の二つから構成されています，取引方法のポイントは，消費者にとって不意打ち性が高く，契約前に十分調べたり比較検討したりする余裕が乏しい不意打ち性の高い取引である点にポイントがあります。

なお，訪問販売の定義に該当しても，法26条1項に定める適用除外に該当する取引は，適用除外とされ，規制の対象とはされていないので，注意が必要です。

◆取引方法についての要件（法2条）

取引方法の観点からは，2種類の定義がされています。取引の場所が事業者の営業所等以外の場所である取引（いわゆる店舗外取引）と特定顧客取引です。

第一の店舗外取引は販売業者と消費者との取引の場所が，事業者の営業所等以外の場所である取引です。セールスマンが消費者の自宅を訪問してきて勧誘をし，契約させる自宅訪問販売は典型的なものです。喫茶店や路上での販売，またホテルや公民館を一時的に借りるなどして行われる展示販売のうち，期間，施設等からみて，店舗に類似するものとは認められないものも訪問販売に該当します。

第二の「特定顧客取引」は，取引の場所が事業者の営業所等で行われた場合

でも，顧客が特定顧客に該当する場合は，訪問販売に該当します（特定顧客取引）。特定顧客とは，特定商取引法と政令で定められた特定の方法によって誘った客を意味します。

　たとえば，路上等営業所等以外の場所で消費者を呼び止めて営業所等に同行させて契約させる場合（いわゆるキャッチセールス）や，電話や郵便，SNS等で販売目的を明示せずに消費者を呼び出したり，「あなたは特別に選ばれました」等，ほかの者に比べて著しく有利な条件で契約できると消費者を誘って営業所等に呼び出したりして契約させる場合（いわゆるアポイントメントセールス）などが特定顧客取引に当たります。

◆ 取引の内容についての要件

　商品の販売契約，有償のサービス提供契約は，原則として訪問販売の対象になります。

　ただし，権利の販売の場合には，特定権利の販売のみが訪問販売に該当します。権利の販売でも，特定権利以外の権利の販売の場合には，特定商取引法の訪問販売には該当せず，特定商取引法の規制は及びません。特定権利については，次のQⅢ-9で取り上げています。

◆ 権利・商品・役務（サービス）の区別

　契約内容の外形上は，権利の販売契約でも，その取引の実態が消費者の資産形成のための取引である場合には，資産運用つまり投資スキームとしての役務取引として，規制対象になります。たとえば，次のQⅢ-9で説明するように老人ホームの利用権は保養のための施設ではなく特定権利には当たらないので，自分で利用する目的で老人ホームの利用権を自宅で勧誘されて契約した場合には，訪問販売の規制は及びません。しかし，自分が利用する目的ではなく，安く購入しておいて事業者に高く転売してもらう目的で契約した場合には，投資スキームとしての役務取引として規制対象になります。

　外国通貨の取引については，国内で為替交換が困難な取引は，商品の販売として取り扱います。

　商品には，不動産を含みます。したがって，取引実態として山林原野の売買

Ⅲ　特定商取引法

契約は，訪問販売の規制対象になりえます。

◆ 適用除外（法26条1項）

　ただし，上記の定義に該当する場合でも，下記の取引は訪問販売の規制から除外されています。

- 購入者が，営業のため，または営業として契約するもの
- 海外にいる人に対する契約
- 国，地方公共団体が行う販売または役務の提供
- 特別法に基づく組合，公務員の職員団体，労働組合がそれぞれの組合員に対して行う販売または役務の提供
- 事業者がその従業員に対して行った販売または役務の提供の場合
- 株式会社以外が発行する新聞紙の販売
- 他の法令で消費者の利益を保護することができる等と認められるもので政令等で定める取引

> たとえば，金融商品取引法に基づき登録を受けた金融商品取引業者が行う販売または役務の提供，旅行業法による登録業者などとの旅行契約，宅地建物取引業法による認可業者との宅地建物取引などは，適用除外です。

Q Ⅲ-9　特定権利とは

特定権利とは，具体的にはどのような権利を指しますか。

 A　レジャー施設やスポーツ施設の利用権，美術館や映画館などのチケット類，英会話教室の利用権，社債などの金銭債権，株券や社員権などです。

◆ 特定権利（法2条4項）

　特定商取引法2条4項では，特定権利とは，下記の3種類の権利であると定

義しています。

①　施設を利用したり，役務の提供を受ける権利のうち，国民の日常生活に関する取引において販売されるものであって政令で定めるもの

②　社債その他の金銭債権

　　会社が発行する社債のほか，学校法人が発行する学校債，医療法人が発行する医療機関債などの金銭債権です。

③　株式会社の株式，合同会社，合名会社もしくは合資会社の社員の持分もしくはその他の社団法人の社員権または外国法人の社員権でこれらの権利の性質を有するもの

◆政令で指定されている権利（政令３条，別表第一）

政令３条，別表第一では，１号の特定権利として，次の権利を指定しています。

一　保養のための施設又はスポーツ施設を利用する権利

　　レジャー施設の利用権，ゴルフクラブやスポーツクラブなどのスポーツ施設の利用権などです。

二　映画，演劇，音楽，スポーツ，写真又は絵画，彫刻その他の美術工芸品を鑑賞し，又は観覧する権利

三　語学の教授を受ける権利

Ⅲ　特定商取引法

QⅢ-10　訪問販売規制の概要

訪問販売についての規制の概要を教えてください。

 行政規制としては勧誘に関する規制，消費者に対して契約内容を書面で明らかにする義務が，民事ルールとしてクーリング・オフ制度，過量販売解除制度，取消制度などが定められています。

◆ 規制の仕組み

　訪問販売については，取引の公正を維持し消費者被害を防止する観点からの行政規制と消費者被害を救済するための民事ルールと定めています。行政規制は，事業者に対する義務付けと不当な行為の禁止規定とを定めています。行政規制に違反した場合には，行政処分の対象となります。一部には刑事罰の定めもあります。

◆ 行政規制の概要

　行政規制の概要は下記のとおりです。

(1)　**事業者の氏名等の明示（法3条）**

　事業者は，勧誘に先立って，消費者に対して以下のことを告げなければなりません。

　　①　事業者の氏名（名称）

　　②　契約の締結について勧誘をする目的であること。

　　③　販売しようとする商品（権利，役務）の種類

(2)　**再勧誘の禁止等（法3条の2）**

　事業者は，勧誘に先立って消費者に勧誘を受ける意思があることを確認するように，努めなければならず，消費者が契約締結の意思がないことを示したときには，そのまま勧誘を継続したり，その後改めて訪問して勧誘することが禁止されています。

(3)　**書面の交付（法4条，5条）**

　事業者は申込みを受けた時は直ちに，契約を締結した時は遅滞なく，その内

容を明らかにする書面を交付する義務があります。消費者の真意による承諾が
ある時は，電磁的手段による情報提供でよいとされています。これらの書面に
記載すべき内容，文字の大きさや色や表現内容など，こまかく規制されていま
す。

⑷　禁止行為（法6条）

　以下のような不当な行為を禁止しています。

①　売買契約等の締結について勧誘を行う際，またはクーリング・オフを妨
　げるために，事実と違うことを告げること。

②　売買契約等の締結について勧誘を行う際，故意に事実を告げないこと。

③　売買契約を締結させ，またはクーリング・オフを妨げるために，相手を
　威迫して困惑させること。

④　勧誘目的を告げない誘引方法（いわゆるキャッチセールスやアポイント
　メントセールスの一種）により誘引した消費者に対して，公衆の出入りす
　る場所以外の場所で，売買契約等の締結について勧誘を行うこと。

など。

▶ 民事ルールの概要

　消費者被害の救済などのために，民法や消費者契約法にはない，次の制度を
定めています。①〜③については，QⅢ-11以下で説明しています。

①　いわゆるクーリング・オフ制度（法律上は，「契約の申込みの撤回また
　は契約の解除」。法9条）

②　過量販売契約の申込みの撤回または契約の解除（法9条の2）

③　契約の申込みまたはその承諾の意思表示の取消し（法9条の3）

④　契約を解除した場合の損害賠償等の額の制限（法10条）

　④については，クーリング・オフ期間の経過後，たとえば代金の支払遅延等
消費者の債務不履行を理由として契約が解除された場合に契約の特約条項を理
由に消費者に法外な違約金などを請求する事例が多発したことがありました。
そこで，そのようなことがないように，事業者が次に示す額（と法定利率によ
る遅延損害金）を超えて請求できないとを定め，法外な違約金条項は無効とし
ています。

① 商品（権利）が返還された場合，通常の使用料の額（販売価格から転売可能価格を引いた額が，通常の使用料の額を超えているときにはその額）
② 商品（権利）が返還されない場合，販売価格に相当する額
③ 役務を提供した後である場合，提供した役務の対価に相当する額
④ 商品（権利）をまだ渡していない場合（役務を提供する前である場合），契約の締結や履行に通常要する費用の額

QⅢ-11　訪問販売のクーリング・オフ制度

クーリング・オフ制度について説明してください。

クーリング・オフ制度とは，不意打ち的な販売方法で取引をしてしまった場合には，一定期間であれば，もう一度契約を続けるか辞めるかを選択できる機会を保障した制度です。

◆ クーリング・オフ制度の概要

　民法や消費者契約法では，契約に無効原因や取消原因がある場合は別にして，締結した契約は守らなければならないのが原則です。これを「契約の拘束力」といいます。消費者だからといって，一度結んだ契約を一方的に反故にできるわけではありません。

　しかし，訪問販売の場合には，事業者による不意打ち的な勧誘によって契約に至るという特徴があります。そこで，例外的に，勧誘によって申込みや承諾をした場合でも，契約内容についての情報開示がなされてから一定期間は，もう一度選択し直せる機会を保障するために設けられた制度がクーリング・オフ制度です。

◆ クーリング・オフできる期間の考え方

　訪問販売の際，消費者が契約を申し込んだり，契約をしたりした時，法律で決められた申込内容を明らかにした書面ないしは契約内容を明らかにした書面又は電磁的手段による情報提供を受け取った日を初日として計算して8日間以内であれば，消費者は事業者に対して，書面により申込みの撤回や契約の解除（クーリング・オフ）ができます。

　もし，事業者が，クーリング・オフに関する事項につき事実と違うことを告げたり，威迫したりすることによって，消費者が誤認したり，困惑して期間内にクーリング・オフしなかった場合には，上記期間を経過していても，消費者はクーリング・オフができます。

◆ クーリング・オフの方法と効果

　クーリング・オフの通知は書面又は電子メールで行うことが必要です。書面で行うとは，ハガキを郵送して通知するということです。ハガキはコピーを保存し，特定記録郵便か簡易書留で郵送します。

　ハガキを発信した日に効果が生じます（発信主義）。つまり，ハガキを発信した日に，契約は最初にさかのぼって解消されます。発信日がクーリング・オフ期間内であることが大切なので，発信日が客観的に証明できる方法で郵送することが実務上のポイントなります。

◆ 清算方法

　クーリング・オフを行った場合，消費者は，すでに商品もしくは権利を受け取っている場合には，返還することになりますが，その際の費用は販売業者の負担になります。

　また，商品が使用されている場合や，役務がすでに提供されている場合でも，その対価を支払う必要はありません。消費者は，損害賠償や違約金を支払う必要はなく，すでに頭金等の対価を支払っている場合には，すみやかにその金額を返してもらう権利があります。

　さらに，土地または建物そのほかの工作物の原状が変更されている場合には，無償で元に戻してもらうことができます（原状回復）。

Ⅲ　特定商取引法

◆ クーリング・オフができない場合

訪問販売で契約していてもクーリング・オフができない場合があります。

御用聞きや常連取引の場合，3000円未満の現金取引，キャッチセールスで契約するもののその場で役務の提供が終了してしまう居酒屋・マッサージ・海上タクシー，消費者が自宅で契約したいと事業者を呼んで目的どおりの契約をした場合（請求訪問販売）などはクーリング・オフはできません。

◆ 消耗品を使用した場合

消費者が購入した商品が政令指定消耗品だった場合には，下記の条件を満たしている部分についてはクーリング・オフはできず，売買契約は有効です。ただし，使用していない残りの商品についてはクーリング・オフすることができます。

　① 完全な契約書面などが交付されていること。

　② 消費者が自分の判断で使用していること。

　③ その種の商品が通常市販されている最小小売単位で考えること。

政令指定消耗品は，下記のとおりです。政令指定消耗品以外の商品は使用していてもクーリング・オフすることができます。

---

① 動物及び植物の加工品（一般の飲食の用に供されないものに限る）であって，人が摂取するもの（医薬品を除く）…健康食品のこと。

② 不織布及び幅が13センチメートル以上の織物

③ コンドーム及び生理用品

④ 防虫剤，殺虫剤，防臭剤及び脱臭剤（医薬品を除く）

⑤ 化粧品，毛髪用剤及び石けん（医薬品を除く），浴用剤，合成洗剤，洗浄剤，つや出し剤，ワックス，靴クリーム並びに歯ブラシ

⑥ 履物

⑦ 壁紙

⑧ 配置薬

$\boxed{\text{QⅢ-12}}$　**過量販売解除**

過量販売解除制度とは，どういう制度ですか。また，どうしてこの制度が導入されたのですか。

$\boxed{\text{A}}$　訪問販売による悪質住宅リフォームで社会問題になった次々販売の被害が高齢者に多発し，経済的破綻に追い込んでいることが発覚したことから導入されました。

◆ 導入された経緯

2004年ころに，認知症などで判断力の低下した高齢者などで，訪問販売により不必要な住宅リフォーム工事の契約を次々と契約させられ，支払のために老後の資金を失い，最終的には自宅を差し押さえられて路頭に迷う事件が全国的に発生し，社会問題となりました。政府が，調査したところ，同種の被害は住宅リフォームだけではなく布団，水回りの機器（浄水器・整水器など），呉服，アクセサリー，絵画，健康食品や健康器具など様々な商品による被害があることが判明しました。

契約させられた被害者は，個々の契約時に被害者意識がなく，多数の契約後に問題が発覚しても個別の契約の経緯や事情を記憶しているわけではないため，クーリング・オフ制度や取消制度による解決は困難でした。

解決のために，販売業者に対して不法行為による損害賠償請求訴訟を提起するなどして救済する取組みがされていました。しかし，不法行為による損害賠償請求訴訟は，弁護士へ依頼する必要がありますし，不法行為に当たることを証明することは簡単ではありません。そこで，効果的な被害防止と救済の手段が必要とされたわけです。

◆ 過量販売とは

訪問販売の際，その消費者が生活するうえにおいて通常必要とする量を著しく超える商品（役務・特定権利のうちの政令で定める権利）を購入させる契約を結んだ場合が過量販売に該当します。

　同種の商品・役務・レジャー施設やスポーツ施設の利用権などを過量に契約させられている場合が対象になります。

　一度の契約で大量，あるいは非常識に長期であったり回数が多い契約のほか，同種の商品などを繰り返し契約させられた結果，消費者がそれまで持っていたものも含めて考えると，全体で著しく過量になる，という場合も対象になります。

　事業者に悪意があることは必要ではなく，客観的な契約の回数や消費者が持つことになる全体の分量で判断します。

◆ 解決方法

　「この契約をすると，過量になる」という契約以後の契約を解除することができます。

　1回の契約で過量という場合は，その契約自体を解除できます。同種の商品を次々と契約させられた結果，全体として過量になった場合には，「この契約以降が過量になる」と評価される契約以降の契約を解除することができます。

　解除できる期間は，解除しようとする契約を締結した日から1年間です。解除しようとする契約を締結してから1年間を経過すると解除することはできなくなります。

　過量販売を理由に解除した場合には，クーリング・オフの場合と同様の方法で清算することになります。消費者が受け取っていた商品は事業者の費用負担で引き取ってもらうことになります。事業者は，消費者から受け取った金銭を全額返金する義務があります。違約金や引渡済みの商品の使用料や提供済みの役務の対価を請求することは認められません。

◆ 消費者契約法の過量販売との違い

　消費者契約法にも過量販売を理由に取り消すことができる制度があります。特定商取引法の過量販売の規制と消費者契約法の過量販売の規制とでは，どこが違うのでしょうか。

(1)　適用範囲の違い

　特定商取引法では訪問販売と電話勧誘販売の場合のみ過量販売の規制があり

ます。消費者契約法では，すべての消費者契約が対象になり，対象の限定があ
りません。消費者が，自分から店舗に出向いて契約した場合でも，消費者契約
法の過量販売の対象になることはあり得ます。

(2)　**解決方法の違い**

　特定商取引法の場合は，過量販売の場合は契約を解除することができ，クー
リング・オフと同様の方法で清算します。

　消費者契約法の場合には，過量販売を理由に取り消すことができ，清算方法
も違います。

(3)　**過量販売の要件の違い**

　消費者契約法の過量販売に該当するためには，事業者が消費者の経済状態や
状態（たとえば，年金で一人暮らしをしているなど）を知ったうえで，「その
消費者の生活からして著しく過量であることを知りながら，勧誘して契約させ
た」ことが必要とされます。

　特定商取引法の場合には，訪問販売や電話勧誘販売による契約であれば，客
観的な契約の回数や消費者に購入させた全体の分量を問題にするだけで，「消
費者の生活からして著しく過量であることを知りながら，勧誘して契約させ
た」という事業者の主観的要件は必要ありません。消費者契約法の制度よりも
活用しやすいということです。

(4)　**行政処分の有無の違い**

　特定商取引法では過量販売を禁止し，違反した業者に対しては改善命令や業
務停止命令などの行政処分ができます。消費者契約法は，民事ルールなのでこ
のような制度はありません。ただし，適格消費者団体による差止訴訟制度は利
用できます。

Ⅲ　特定商取引法

訪問販売による契約の取消制度
取消制度はどのような制度ですか。

A 訪問販売業者が，契約の勧誘の際に重要事項について事実と違う説明をしたり隠したりしたため，消費者が誤認して契約した場合には，その契約を取り消すことができるとした制度です。

◆ 取消制度の説明

　訪問販売業者が，契約の締結について勧誘する際，以下のような行為をしたために，消費者がそれぞれ以下のような誤認をした結果契約をしたときには，消費者は，その契約を取り消すことができるとした制度です。

　契約締結後に消費者が，事業者の勧誘時の説明の問題に気がついて，「そんなことなら契約したくなかったのに」と考えた場合には，消費者は，契約を取り消すことができるという選択肢があるということです。

　勧誘時の事業者の不当な行為は次の2点です。

---

①　重要事項について事実と違うことを告げられた場合であって，その告げられた内容が事実であると誤認した場合
②　重要事項について故意に事実を告げられなかった場合であって，その事実が存在しないと誤認した場合

◆ 重要事項とは何か

　上記の重要事項とは，①の場合は下記の事項のすべて，②の場合は一から五までの事項です。

〔特定商取引法〕
第6条（略）
　一　商品の種類及びその性能若しくは品質又は権利若しくは役務の種類及びこれらの内容その他これらに類するものとして主務省令で定める

事項

二 商品若しくは権利の販売価格又は役務の対価

三 商品若しくは権利の代金又は役務の対価の支払の時期及び方法

四 商品の引渡時期若しくは権利の移転時期又は役務の提供時期

五 当該売買契約若しくは当該役務提供契約の申込みの撤回又は当該売買契約若しくは当該役務提供契約の解除に関する事項（第９条第１項から第７項までの規定に関する事項（第26条第２項，第４項又は第５項の規定の適用がある場合にあつては，当該各項の規定に関する事項を含む。）を含む。）

六 顧客が当該売買契約又は当該役務提供契約の締結を必要とする事情に関する事項

七 前各号に掲げるもののほか，当該売買契約又は当該役務提供契約に関する事項であつて，顧客又は購入者若しくは役務の提供を受ける者の判断に影響を及ぼすこととなる重要なもの

いつまで取消しができるのか

消費者が事業者の説明のウソにはっきり気が付き，それを理由に契約を取り消すことができることを知った時から１年です。ただし，契約締結から５年を過ぎてしまうと取消しができなくなります。

清算方法

原則として，消費者は手元にある商品を返し（送料などは消費者の負担），事業者は消費者から受け取ったお金を返す義務があります。

QⅢ-14　通信販売の定義

特定商取引法で通信販売として規制されているのは，どのような取引ですか。

 A 消費者が広告を見て，郵便などの通信手段で契約の申込みをする商品か特定権利の購入，あるいは対価を支払ってサービスを利用する契約を指します。

◆ 定　義

特定商取引法では，通信販売を次のように定義しています（法2条2項）。

「販売業者又は役務提供事業者が郵便その他の主務省令で定める方法（以下「郵便等」という。）により売買契約又は役務提供契約の申込みを受けて行う商品若しくは特定権利の販売又は役務の提供であつて電話勧誘販売に該当しないものをいう」

主務省令（特定商取引法施行規則2条各号）で定める方法とは，下記の方法です。

一　郵便又は信書便

二　電話機，ファクシミリ装置その他の通信機器又は情報処理の用に供する機器を利用する方法

〔ネット通販などはこれに当たります。〕

三　電報

四　預金又は貯金の口座に対する払込み

オンラインゲームや出会い系サイト，アダルトサイトなどの情報提供サービスをネットで利用するタイプの取引は，役務の提供に当たるので，通信販売として規制されます。

ただし，権利の販売については訪問販売と同様に特定権利を購入する契約に限られます。

◆ 通信販売の具体例

　新聞や雑誌，テレビ，インターネット上のホームページ（インターネット・オークションサイトを含む）などによる広告や，ダイレクトメール，チラシ等を見た消費者が，郵便や電話，ファクシミリ，インターネット等で購入の申込みを行う取引方法をいいます。ただし，「電話勧誘販売」に該当する場合は除きます。

　カタログショッピング，ネットショッピング，テレビショッピング，ラジオショッピング，オンラインゲームなどは，いずれも通信販売として規制されます。

　ただし，訪問販売と同様の適用除外の規定があるので，適用除外取引の場合には通信販売の規制は及びません。ネットでパック旅行の契約をしたり，株を購入したり，航空券を購入したり，プロバイダー契約をしたりしても，それぞれ旅行業法，金融商品取引法，電気通信事業法などの規制対象になっている関係で，通信販売の規制からは除外されています。

◆ ネットオークションの場合

　ネットオークションでも，出品者が事業者の場合には通信販売の規制が及びます。

　「販売業者または役務提供事業者」とは，販売または役務の提供を業として営む者を意味します。「業として営む」とは，営利の意思をもって，反復継続して取引を行うことをいいます。なお，営利の意思の有無については，その者の意思にかかわらず，客観的に判断されます。インターネット・オークションにおける出品者が「販売業者」に該当するかどうかの考え方については，「インターネット・オークションにおける「販売業者」に係るガイドライン」で詳細が定められています。

　1年間の売上や1ヵ月間の売上が一定金額以上の者，商品の種類ごとに複数点を出品している場合などを細かく示しています。

Ⅲ　特定商取引法

QⅢ-15　通信販売規制の概要

通信販売に関する規制の概要を教えてください。

A　通信販売の規制は行政規制が中心です。クーリング・オフの制度はないので，注意が必要です。

◆ 規制の考え方

通信販売は，消費者が自分で広告を見て自主的に選択する取引であり，事業者による勧誘行為はないため，広告の規制が中心になっています。

また，不意打ち性はないため，クーリング・オフ制度もありません。返品制度の有無などは，広告に表示してあれば消費者が確認できるため，原則として広告に表示すべきこととし，広告に表示がない場合には，消費者が商品を受け取ってから8日間は返品できるとしています。ただし，役務取引については，返品の対象にはなりません。

◆ 規制の概要

規制の概要は以下のとおりです。

(1)　広告の表示（法11条）

通信販売では，消費者にとって広告は唯一の情報です。そのため，広告の記載が不十分であったり，不明確だったりすると，後日トラブルを生ずる危険があります。そこで，特定商取引法は，広告に表示するべき事項を定めています。

(2)　誇大広告等の禁止（法12条）

表示されていても正確な表示なければかえってトラブルのもとになります。そこでも，特定商取引法は，トラブルを未然に防止するため，表示事項等について，「著しく事実に相違する表示」や「実際のものより著しく優良であり，もしくは有利であると人を誤認させるような表示」を禁止しています。

(3)　電子メール広告のオプトイン規制（法12条の3，12条の4）

消費者があらかじめ承諾しない限り，事業者は電子メール広告を送信することを，原則禁止しています（オプトイン規制）。

ただし，以下のような場合は，規制の対象外となります。

---

①　「契約の成立」「注文確認」「発送通知」などに付随した広告契約内容や契約履行に関する通知などのメールの一部に広告が含まれる場合

②　メルマガに付随した広告消費者からの請求や承諾を得て送信する電子メール広告の一部に記載する場合

③　フリーメール等に付随した広告

⑷　ファクシミリ広告のオプトイン規制（法12条の５）

　ファクシミリ広告の送信についても，電子メール広告と同様，一方的な送信を原則として禁止しています（オプトイン規制）。

　ただし，以下の場合は，規制の対象外となります。

---

①　「契約の成立」「注文確認」「発送通知」などに付随した広告契約内容や契約履行に関する通知などの一部に広告が含まれる場合

②　消費者からの請求や承諾を得て送信するファクシミリ広告の一部に広告を記載する場合

⑸　前払式通信販売の承諾等の通知（法13条）

　消費者が商品等の引渡しや役務の提供を受ける前に，対価の全部あるいは一部を支払う「前払式」の通信販売の場合，事業者は，代金を受け取り，その後，商品の引渡しに時間がかかるときには，その申込みの諾否，代金の受領日や受領金額，商品等の内容と量，引渡期日等を記載した書面又は電子メール等を渡す義務があります。

⑹　契約解除に伴う債務不履行の禁止（法14条）

　通信販売において返品できる場合に，消費者から返品がされたのに事業者が代金返還など債務の履行を拒否したり，遅延したりすることを禁止しています。

⑺　顧客の意に反して契約の申込みをさせようとする行為の禁止（法第14条）

　ネット通販で，申込みをする際，消費者が申込内容を容易に確認し，かつ，訂正できるように措置していないことを「顧客の意に反して」契約の申込みを

させようとする行為として禁止しています。

⑻　特定申込画面の表示義務（12条の6）

　ネット通販による定期購入やサブスクに関するトラブルの増加に伴い2022年4月から下記の規制が導入されました。

　ネット通販の最終確認画面と通販業者が用意した書式に記入して申し込む際の書式を特定申込と定義し，特定申込画面（ネット通販では，最終確認画面のこと）には下記の事項を表示することを義務付けました。

　分量・価格総額・支払時期と方法・商品の引渡時期など・契約解除や返品特約に関すること，さらに，消費者に誤認を与える表示を禁止しました。

⑼　解除妨害のための不実告知の禁止（法13条の2）

　契約解除制度を設けながら，解除を妨害する目的で不実を告げる行為を禁止しました。

◆ 民事ルールとしての返品制度（法15条の3）

　通信販売の際，消費者が契約を申し込んだり，契約をしたりした場合，返品できるかどうかは，事業者が広告であらかじめ，表示していた場合は，表示された特約によります。

　ただし，返品に関する特約の表示されていない場合には，商品や特定権利の引渡しを受けた日から8日間以内であれば，消費者は返品ができます。この場合の返品費用は，消費者の負担です。

◆ 「取消制度」（15条の4）

　特定申込に12条の6の表示義務違反があり，その結果消費者が契約した場合は，契約を取り消すことができます。取消期間や取り消した場合の清算方法は訪問販売の場合と同じです。

QⅢ-16　通信販売の返品制度とクーリング・オフ制度の違い

通信販売の返品制度と訪問販売などのクーリング・オフ制度との違いはなんですか。

 もっとも大きな違いは，クーリング・オフ制度は強行規定で事業者に対する義務付けですが，通信販売の返品制度は事業者が返品できるか，できないか，返品条件などを自由に定めて広告に表示すれば，事業者の定めるとおりにできる点です。

Ⅲ　特定商取引法

◆ 返品制度の仕組み

通信販売の際，消費者が契約を申し込んだり，契約をしたりした場合でも，その契約にかかる商品などの引渡しを受けた日から数えて 8 日間以内であれば，消費者は事業者に対して，契約を解消して受け取った商品などを返品できる仕組みのことを「返品制度」といっています。

ただし，現在の特定商取引法では，通信販売の場合にも「契約申込みの撤回若しくは解除」という表現をしています。この法律上の表現は，訪問販売に関するクーリング・オフ制度に関する条文（法9条）の表現と同じなので，まぎらわしくなってしまって，混乱する人もいるようです。

しかし，訪問販売のクーリング・オフ制度と通信販売の返品制度とは異なるものです。以下に違いを紹介します。

◆ 強行規定かどうかの違い

最も大きな違いは，訪問販売のクーリング・オフ制度は強行規定であるのに，通信販売の返品制度は強行規定ではない，という点です。

訪問販売では，事業者が契約の中で「この契約はクーリング・オフはできない」との特約を定めていても，その特約は無効です。こんな特約を設けていると，行政処分を受ける可能性もあります。

しかし，通信販売の場合には，返品できるかどうか事業者が決めることがで

きます。返品できないと決めた場合には，広告にその旨を表示すればよいだけのことです。表示しないと，消費者は返品ができます。この場合の返品制度の仕組みもクーリング・オフとはいろいろな点で違います。

◆ 役務取引に返品制度はない

　訪問販売のクーリング・オフ制度は，商品や特定権利の販売，有償の役務の契約のすべてに適用があります。しかし，通信販売の返品制度は，役務取引には適用がありません。これは大きな違いです。

　オンラインゲームや出会い系サイトなどには通信販売の規制が及びますが，返品制度はないわけです。

◆ 期間計算の違い

　クーリング・オフ期間の計算は，特定商取引法で定められた申込書か契約書を消費者が受け取った日を初日として計算します。通信販売の返品制度の場合には，消費者が商品などを受け取った日から計算します。

　また，クーリング・オフの場合には，期間内にクーリング・オフの通知を発信すればよく，相手に届くのは8日を経過してからで構いません。しかし，通信販売の返品の通知は，8日以内に事業者に通知が届く必要があります。

◆ 通知方法の違い

　クーリング・オフの通知は，書面で行うべきことが法律で定められています。通信販売の返品の場合には，特に方法については法律上の定めはないので，民法の原則によることになります。つまり，電話でもメールでもよいということです。ただし，実務的には，「連絡した」「いや，聞いていない」などと行き違いなどで揉めることもあるので，そのようなことがないようなやり方で行うようにする注意は必要です。

◆ 商品を返す場合の費用負担の違い

　クーリング・オフの場合には，商品を返すための費用は事業者の負担と法律で定めています。一方，通信販売の返品の場合には，返品費用は消費者負担に

なります。

◆ 清算方法の違い

　クーリング・オフの場合には，消費者が商品を受け取り使用していたとして
も，事業者は消費者に対して使用利益の請求はできないと定められています。
一方，通信販売の返品制度では，事業者の特約がなければ民法の原則によりま
す。

QⅢ-17　電話勧誘販売の定義

電話勧誘販売とは，どのような取引ですか。

 事業者が電話で勧誘し，その勧誘で購入しようとする消費者が，郵便
等の通信手段で契約の申込みなどをする，商品か特定権利の購入ある
いは有償の役務の提供です。

◆ 定　義

　「電話勧誘販売」とは，販売業者等が，消費者に電話をかけ，または特定の
方法により電話をかけさせ，その電話で勧誘して，消費者から契約の申込み，
あるいは契約の締結を，通信販売と同様の郵便等の方法により行う商品か特定,
権利の販売または役務の有償の提供を指します。

　特定権利の意味は，訪問販売の場合と同じです。

◆ 消費者に電話をかけさせる方法

　電話勧誘販売の多くは，事業者から消費者に電話をかけてきてその電話で勧
誘しますが，消費者に電話をかけるように求めて，消費者がかけてきた電話で
契約の勧誘する場合があります。このような場合には，電話をかけるように要
請した方法によっては，電話勧誘販売の対象になります。

　この特定の電話をかけさせるように要請する方法とは，次ページの方法によ

るものが対象になります。ポイントは電話をかけた消費者にとって，契約の勧誘が不意打ち的なものである点です。

〔特定商取引法〕

（電話をかけさせる方法）

第2条　法第2条第3項の政令で定める方法は，次のいずれかに該当する方法とする。

　一　電話，郵便，信書便，電報，ファクシミリ装置を用いて送信する方法若しくは電磁的方法により，若しくはビラ若しくはパンフレットを配布し，又は広告を新聞，雑誌その他の刊行物に掲載し，若しくはラジオ放送，テレビジョン放送若しくはウェブページ等（インターネットを利用した情報の閲覧の用に供される電磁的記録で主務省令で定めるもの又はその集合物をいう。第19条において同じ。）を利用して，当該売買契約又は役務提供契約の締結について勧誘をするためのものであることを告げずに電話をかけることを要請すること。

　二　電話，郵便，信書便，電報，ファクシミリ装置を用いて送信する方法又は電磁的方法により，他の者に比して著しく有利な条件で当該売買契約又は役務提供契約を締結することができる旨を告げ，電話をかけることを要請すること（当該要請の日前に当該販売又は役務の提供の事業に関して取引のあつた者に対して要請する場合を除く。）。

◆ 適用除外

　上記の定義に当てはまる取引でも，訪問販売と同様の適用除外の規定（法26条1項）があります。適用除外取引の場合は，電話勧誘販売の規制は及びません。

　たとえば，金融商品取引法の登録業者が消費者宅に電話をして勧誘し，株式の販売をしたとしても，金融商品取引法の規制対象取引であるため，電話勧誘販売の規制は及ばないということです。

QⅢ-18　電話勧誘販売規制の概要

電話勧誘販売の規制の概要を教えてください。

 A 訪問販売とほぼ同様の行政規制と民事ルールがあります。

◆ 電話勧誘販売と規制の考え方

　電話勧誘販売の問題点は，訪問販売と同様に，消費者にとって不意打ち的であること，さらに電話での勧誘が執拗で強迫的なものが少なくなかった点にあります。電話勧誘では，自宅訪問販売のように事業者が自宅に入り込んでいるわけではないので，必要がないのなら電話を切ればよいようにも思われます。ところが，現実に多発した被害では，電話を切るとすぐに再び電話をかけてくる。自宅や職場にかけてくる電話を，消費者が切っても切ってもかけ続けてきたあげく，「どうして人が話をしているのに一方的に電話を切るのか。失礼だ。」などと恫喝するという事態が起こりました。

　職場に勧誘電話をかけてくるケースでは，勧誘電話が鳴りっぱなしになるため業務ができない事態を引き起こすケースもあり，威力業務妨害で刑事問題を引き起こす業者もありました。このようなことから，特定商取引法で規制されることになったものです。

　訪問販売では事業者と消費者とが対面しますが，電話勧誘販売では電話と郵便等の通信手段のみで，対面はしないという違いはあります。しかし，問題点はほぼ同じといえます。そのため，規制の概要もほぼ同じとなっています。

◆ 行政規制の概要

　取引の公正を維持し，消費者被害を防止する観点からの規制です。違反に対しては，行政処分と部分的に刑事罰の定めがあります。

(1)　事業者の氏名等の明示（法16条）

　事業者は，電話勧誘販売を行うときには，勧誘に先立って，消費者に対して以下の事項を告げなければなりません。

> ①　事業者の氏名（名称）
> ②　勧誘を行う者の氏名
> ③　販売しようとする商品（権利，役務）の種類
> ④　契約の締結について勧誘する目的である旨

(2)　再勧誘の禁止（法17条）

　事業者が電話勧誘を行った際，契約しないと言っている消費者に対する勧誘の継続や再勧誘を禁止しています。

(3)　書面の交付（法18条，19条）

　訪問販売と同様に申込みを受け付けた場合の申込書面の交付義務，契約を締結した場合の契約書面の交付義務があります。（消費者の承諾がある時は電磁的方法でよい。）これらの書面に記載すべきことや記載方法などの詳細についても法律で定められています。違反した場合には，罰則の制度もあります。

(4)　前払式電話勧誘販売における承諾等の通知（法20条）

　消費者が商品等の引渡前に，対価の全部あるいは一部を支払う「前払式」の場合，事業者は，代金を受取後すみやかに，商品の引渡しを行うことができないときには，その申込みの諾否等について記載した書面を交付する義務があります。記載内容は下記のとおりです（特定商取引法施行規則21条各号）。

> ①　申込みの承諾の有無（承諾しないときには，受け取ったお金をすぐに返すことと，その方法を明らかにしなければならない）
> ②　代金（対価）を受け取る前に申込みの承諾の有無を通知しているときには，その旨
> ③　事業者の氏名（名称），住所，電話番号
> ④　受領した金銭の額（それ以前にも金銭を受け取っているときには，その合計額）
> ⑤　金銭を受け取った年月日
> ⑥　申込みを受けた商品名とその数量・権利や役務の種類
> ⑦　承諾するときには，商品の引渡時期，権利の移転や役務の提供時期

⑸　**禁止行為（法21条）**

以下のような不当な行為を禁止しています。

---

① 契約の勧誘を行う際，または締結後，クーリング・オフを妨げるために，事実と違うことを告げること。

② 契約の勧誘を行う際，故意に事実を告げないこと。

③ 契約の締結をさせ，またはクーリング・オフを妨げるために威迫して困惑させること。

など

◆ 民事ルール

訪問販売と同様に８日間のクーリング・オフ制度，過量販売解除制度，取消制度，契約条項について不当な損害賠償を定めることの禁止規定があります。

これらの内容は訪問販売とほぼ同じです。

QⅢ－19　特定継続的役務提供取引の定義

特定継続的役務提供とはどのような取引ですか。法律による定義を教えてください。

　継続的なサービス取引の規制です。中でも過去に消費者被害が多発したものを「特定」継続的役務として規制してします。

◆ 問題の所在

商品の購入ではなくて，事業者からサービスの提供を受ける契約のことを「役務（えきむ）提供取引」といいます。サービス取引ともいいますが，法律上は役務提供契約というのが普通です。

消費生活でよくある取引は，美容院や理容室の利用，塾などの習い事などで

す。美容院などでは1回利用する都度，対価を支払います。塾などは，かつては月謝制度が普通でした。

　ところが，1990年頃から一定期間分とか，一定回数分などをまとめて契約するタイプのものが増えてきました。対価も契約時にまとめて支払ってしまうものが多くなってきました。現金が手元になくてもクレジットを利用したり消費者金融から借金して支払ったりするわけです。このような契約を継続的サービス取引とか継続的役務提供契約といいます。

　その都度の契約の場合には，必要がなくなったり通えなくなったり，自分に合わないとわかった場合には，次からは利用しないという選択肢があります。しかし，まとめて契約してしまうと途中でやめることができるか，支払ったお金を返してもらえるかなどが問題になります。この点について，多くの業者が，「中途解約はできない」「お支払いいただいた金銭は，いかなる事情があっても一切返金しない」などの契約条項を定めていました。そのために中途解約したい消費者との間で多数の紛争が起こりました。また，倒産する事業者も他発しました。そこで，法的な規制が必要とされることとなったのでした。

◆ 規制対象取引の定義（法41条1項）

　まず，特定継続的役務提供について，特定商取引法では，次のように定めています。

　「役務提供事業者が，特定継続的役務をそれぞれの特定継続的役務ごとに政令で定める期間を超える期間にわたり提供することを約し，相手方がこれに応じて政令で定める金額を超える金銭を支払うことを約する契約（「特定継続的役務提供契約」）」

　さらに，役務提供事業者とは違う権利の販売業者が「特定継続的役務の提供（前号〔著者注：法41条1項1号〕の政令で定める期間を超える期間にわたり提供するものに限る。）を受ける権利を同号の政令で定める金額を超える金銭を受け取つて販売する契約（「特定権利販売契約」）」も同様の規制対象になります。

◆ 特定継続的役務の定義

　ついで，特定商取引法は「特定継続的役務」を次のように定義しています

（法41条2項）。

> …「特定継続的役務」とは，国民の日常生活に係る取引において有償で継続的に提供される役務であつて，次の各号のいずれにも該当するものとして，政令で定めるものをいう。
> 一 役務の提供を受ける者の身体の美化又は知識若しくは技能の向上その他のその者の心身又は身上に関する目的を実現させることをもつて誘引が行われるもの
> 二 役務の性質上，前号に規定する目的が実現するかどうかが確実でないもの

◆まとめ

　以上をまとめると，「特定継続的役務提供取引」とは，政令で特定継続的役務として指定された役務を，政令で指定された期間を超えて提供する内容の契約で，契約の総合計金額が政令で定められた金額を超える契約，ということです。

　政令で定められた金額は5万円，政令で定められた役務の提供期間はエステティックサービスと美容医療は1ヵ月，それ以外の役務の場合は2ヵ月です。特定継続的役務ごとの具体的な定めは次のQⅢ-20で取り上げています。

　なお，前述の規定からわかるように，政令で特定継続的役務として指定することができる役務は，役務提供を受ける者の身体の美化，知識・技能の向上などの目的を実現させることをもって誘引されるが（消費者としては一定の効果を期待して契約するが），その目的の実現が確実でないという特徴を持つ有償の役務に限られます。つまり，請負型のサービス契約ではなく，準委任型のサービス契約が対象になる，ということです。

Ⅲ 特定商取引法

QⅢ-20 特定継続的役務提供の具体的な取引

具体的にはどのような取引が特定継続的役務提供として規制されているのですか。

 A いわゆるエステティックサービス，美容医療，塾，家庭教師，語学教室，パソコン教室，結婚相手紹介サービスの7種類の取引が規制されています。

◆ 規制対象取引の定め方

　政令で定められた役務であり，契約で定められた役務提供期間が役務ごとに定められた期間を超えるもので，契約の合計金額が5万円を超える契約が規制対象になります。

　なお，契約の合計金額は，関連商品の購入がある場合には関連商品の価格も含めた金額です。たとえば，役務の対価は2万円でも，関連商品の価格が10万円で，合計金額が12万円となる場合には，契約金額が5万円を超えるので規制対象になるということです。関連商品については，QⅢ-22で解説しています。

　特定継続的役務提供として政令で指定されているのは，たとえばいわゆるエステティックサービスの場合には，「人の皮膚を清潔にし若しくは美化し，体型を整え，又は体重を減ずるための施術を行うこと（二の項に掲げるものを除く。）」と定義しています（特定商取引法施行令別表第四の第1号）。政令での厳密な定義は一般的にはわかりにくいのでそれぞれ「美容医療」「学習塾」「家庭教師」などと表現していますが，これらは典型例であり，正確な定義は下記のとおりです。

◆ エステティックサービス

　政令による定義は，「人の皮膚を清潔にし若しくは美化し，体型を整え，又は体重を減ずるための施術を行うこと（二〔美容医療〕の項に掲げるものを除く。）。」で，契約で定めた役務提供期間が1ヵ月を超えるものです（特定商取

引法施行令別表第四の第1号)。

◆ 美容医療

　政令による定義は,「人の皮膚を清潔にし若しくは美化し,体型を整え,体重を減じ,又は歯牙を漂白するための医学的処置,手術及びその他の治療を行うこと(美容を目的とするものであつて,主務省令で定める方法によるものに限る。)。」で,契約で定めた役務提供期間が1ヵ月を超えるものです(特定商取引法施行令別表第四の第2号)。

　なお,主務省令で定める方法とは次のとおりです(特定商取引法施行規則31条の4)。

　一　脱毛　光の照射又は針を通じて電気を流すことによる方法
　二　にきび,しみ,そばかす,ほくろ,入れ墨その他の皮膚に付着しているものの除去又は皮膚の活性化　光若しくは音波の照射,薬剤の使用又は機器を用いた刺激による方法
　三　皮膚のしわ又はたるみの症状の軽減　薬剤の使用又は糸の挿入による方法
　四　脂肪の減少　光若しくは音波の照射,薬剤の使用又は機器を用いた刺激による方法
　五　歯牙の漂白　歯牙の漂白剤の塗布による方法

◆ 学習塾

　政令による定義は,「入学試験【学校教育法第1条に規定する学校(幼稚園及び小学校を除く。),同法第124条に規定する専修学校若しくは同法第134条第1項に規定する各種学校の入学者を選抜するための学力試験(義務教育学校にあつては,後期課程に係るものに限る。)】に備えるため又は学校教育の補習のための学校教育法第1条に規定する学校(幼稚園及び大学を除く。)の児童,生徒又は学生を対象とした学力の教授(役務提供事業者の事業所その他の役務提供事業者が当該役務提供のために用意する場所において提供されるものに限

る。）」で，契約で定めた役務提供期間が2ヵ月を超えるものです（特定商取引法施行令別表第四の第5号）。

◆ 家庭教師

　政令による定義は，「学校教育法第1条に規定する学校（幼稚園及び小学校を除く。），同法第124条に規定する専修学校若しくは同法第134条第1項に規定する各種学校の入学者を選抜するための学力試験（義務教育学校にあつては，後期課程に係るものに限る。）に備えるため又は学校教育（同法第1条に規定する学校（幼稚園及び大学を除く。）における教育をいう。同項において同じ。）の補習のための学力の教授（同項に規定する場所以外の場所において提供されるものに限る。）」で，契約で定めた役務提供期間が2ヵ月を超えるものです（特定商取引法施行令別表第四の第4号）。

◆ 語学教室

　政令による定義は，「語学の教授（学校教育法（昭和22年法律第26号）第1条に規定する学校，同法第124条に規定する専修学校若しくは同法第134条第1項に規定する各種学校の入学者を選抜するための学力試験に備えるため又は同法第1条に規定する学校（大学を除く。）における教育の補習のための学力の教授に該当するものを除く。）」で，契約で定めた役務提供期間が2ヵ月を超えるものです（特定商取引法施行令別表第四の第3号）。

◆ パソコン教室

　政令による定義は，「電子計算機又はワードプロセッサーの操作に関する知識又は技術の教授」で，契約で定めた役務提供期間が2ヵ月を超えるものです（特定商取引法施行令別表第四の第6号）。

◆ 結婚相手紹介サービス

　政令による定義は，「結婚を希望する者への異性の紹介」で，契約で定めた役務提供期間が2ヵ月を超えるものです（特定商取引法施行令別表第四の第7号）。

QⅢ-21 特定継続的役務提供規制の概要

特定継続的役務提供取引の規制の概要について教えてください。

 広告，勧誘，書面交付義務などの行政規制とクーリング・オフ，取消し，中途解約などの民事ルールがあります。

Ⅲ 特定商取引法

◆ はじめに

特定継続的役務提供の規制は，消費者が自分から事業者の事務所や店舗に出向いて契約した場合も適用があります。

訪問販売，通信販売，電話勧誘販売などの取引方法で契約した場合には，特定継続的役務提供取引に対する規制に加えて，訪問販売，通信販売，電話勧誘販売の規制も二重に受けることになる点に注意する必要があります。

◆ 行政規制の概要

公正な取引や消費者被害の防止のために事業者に対して下記の規制をしています。違反に対しては，行政処分や一部の違反については刑事罰の定めもあります。

(1) 書面の交付（法42条）

事業者が特定継続的役務提供（特定権利販売も含む）について契約する場合には，契約の締結前と契約の締結後の二つの場面において，以下の書面を消費者に渡す義務があります。（消費者の承諾があれば電磁的方法でよい）

① 契約の締結前に，契約の概要を記載した書面（いわゆる概要書面）の交付義務があります。概要書面に記載すべき事項等も法律で定めています。

② 契約締結後には，遅滞なく，契約内容について明らかにした書面（いわゆる契約書面）を交付する義務があります。契約書面に記載すべき事項等も次のように法律で定められています。

【契約書面に記載すべき事項】

① 役務（権利）の内容，購入が必要な商品がある場合にはその商品名

② 役務の対価（権利の販売価格）そのほか支払わなければならない金銭の額

③ 上記の金銭の支払時期，方法

④ 役務の提供期間

⑤ クーリング・オフに関する事項

⑥ 中途解約に関する事項

⑦ 事業者の氏名（名称），住所，電話番号，法人ならば代表者の氏名

⑧ 契約の締結を担当した者の氏名

⑨ 契約の締結の年月日

⑩ 購入が必要な商品がある場合には，その種類，数量

⑪ 割賦販売法に基づく抗弁権の接続に関する事項

⑫ 前受金の保全措置の有無，その内容

⑬ 購入が必要な商品がある場合には，その商品を販売する業者の氏名（名称），住所，電話番号，法人ならば代表者の氏名

⑭ 特約があるときには，その内容

⑮ 書面をよく読むべきことを赤枠の中に赤字で記載すべきこと。

　そのほかクーリング・オフに関する記載は赤枠の中に赤字で記載しなければならないことや，字の大きさは8ポイント（官報の字の大きさ）以上であることなども定められています。

⑵ 誇大広告などの禁止（法43条）

　誇大広告や著しく事実と相違する内容の広告を禁止しています。

⑶ 禁止行為（法44条）

　特定継続的役務提供における，以下のような不当な行為を禁止しています。

① 勧誘を行う際，またはクーリング・オフを妨げるために，事実と違うことを告げること。

② 勧誘を行う際，故意に事実を告げないこと。

③ 勧誘を行う際，またはクーリング・オフを妨げるために，消費者を威迫して困惑させること。

など

(4) 書類の閲覧など（法45条）

「前払方式」で5万円を超える特定継続的役務提供を行う事業者は，消費者が事業者の財務内容などについて確認できるよう，その業務および財産の状況を記載した書類（貸借対照表，損益計算書など）を備え付けることが義務付けられています。さらに，これらの書類を，契約した消費者の求めに応じて，閲覧あるいは謄写させる義務があります。

この規制は，5万円を超える前払式の特定継続的役務提供取引にのみ定められた，特殊な制度です。

Ⅲ 特定商取引法

◆ 民事ルール

民事ルールとしては，下記の制度があります。

詳細についてはQⅢ-23以下で取り上げています。

① 8日間のクーリング・オフ制度（法48条）

② 取消制度（法49条の2）

③ 中途解約制度（法49条）

QⅢ-22　特定継続的役務提供における関連商品

関連商品とはどういうものですか。具体的には何が関連商品に該当しますか。

A　関連商品は，役務の種類ごとに政令で指定されています。役務の提供の際に購入する必要があるとして購入した商品のことです。

◆ 関連商品とは何か

「関連商品」とは，特定継続的役務の提供の際，消費者が購入する必要がある商品として政令で定められている商品のことです。

たとえば，サービスの提供の際に使用するものだからなどと説明して購入させるとか，サービスの契約をするときには商品も購入してもらう仕組みになっているなどと説明して契約させるなどが典型例です。

ポイントは，関連商品は役務の種類ごとに表（119頁参照）のように政令で指定されているということです。これは，過去の消費者被害では，役務ごとにどのような商品を購入させているかを分析して，被害が多いものを政令で指定したものです。

◆ 関連商品が制度化されたた理由

特定継続的役務提供取引にはクーリング・オフ制度などがあります。消費者は，クーリング・オフ期間内であれば，理由がなくても一方的に契約を解除できます。

ところが，悪質業者の中には，役務契約と抱き合わせで高額な商品を購入させ，役務取引がクーリング・オフされても，商品の販売契約は別契約だからと主張して契約を続けさせようとするケースがありました。

たとえば，消費者が学習塾の契約をする際に，塾で使用するから必要だと説明されて高額な教材を購入した場合を考えてみましょう。契約後考え直した消費者が，塾の契約をクーリング・オフしても教材の売買契約はクーリング・オ

フできないで残ってしまうのは不合理です。消費者としては，塾の契約をクーリング・オフすれば，塾で使用するための教材も必要がなくなるわけで，教材だけ買わなければならないのでは救済にはなりません。業者にすれば，塾の契約はクーリング・オフされたとしても高額な教材を抱き合わせで売りつけておけば，教材の販売による利益は確保できるということになってしまいます。

　そこで，役務契約と商品販売契約とを一体として扱うために関連商品の制度を導入したわけです。

◆ 関連商品の扱いに関する定め

　特定継続的役務提供契約にあたっては，事業者は，QⅢ-21の「行政規制の概要」で説明しているように契約前に概要書面を，契約締結後に契約書面を消費者に渡さなければなりません。これらの書面には，関連商品を購入させる場合には関連商品に関する事項も記載する義務があります（115頁参照）。関連商品の売買について，役務契約とは別の契約書などを用いている場合には，法律に基づいた契約書面には該当しないことになります。したがって，クーリング・オフ期間の起算日は到来しないことになるので，8日を経過してもクーリング・オフができます。また，違法な行為なので，行政処分や刑事罰の対象にもなりえます。

　さらに，消費者が本体の特定継続的役務提供契約をクーリング・オフしたり，取り消したり，中途解約した場合には，その関連商品についてもクーリング・オフしたり役務契約を取り消すとともに関連商品の販売契約を解除したり，役務契約と共に中途解約することができます。

◆ 役務ごとに関連商品として指定されている商品

　役務ごとの関連商品は次の表のとおりです。

---

① **エステティック**

- いわゆる健康食品

- 化粧品，石けん（医薬品を除く）および浴用剤

- 下着類・美顔器，脱毛器

② **美容医療**
- いわゆる健康食品
- 化粧品
- マウスピース（歯牙の漂白のために用いられるものに限る）および歯牙の漂白剤
- 医薬品および医薬部外品であって，美容を目的とするもの

③ **語学教室，家庭教師，学習塾**
- 書籍（教材を含む）
- カセット・テープ，CD，CD-ROM，DVDなど
  ファクシミリ機器，テレビ電話，パソコン教室については
- 電子計算機およびワードプロセッサーならびにこれらの部品および付属品
- 書籍・カセット・テープ，CD，CD-ROM，DVDなど

④ **結婚相手紹介サービス**
- 真珠ならびに貴石および半貴石
- 指輪その他の装身具

 QⅢ-23

クーリング・オフ制度

特定継続的役務提供取引のクーリング・オフ制度の仕組みについて説明してください。

A　特定商取引法で定められた契約書面を受け取ってから8日を経過するまでは，消費者は契約を解除できます。この場合，関連商品の売買契約も，販売業者が役務提供業者と同一業者でも別業者の場合でも，役務契約と一緒にクーリング・オフができます。

◆ 8日間のクーリング・オフ制度（法48条）

特定継続的役務提供の際，消費者が契約をした場合でも，法律で決められた

書面（又は電磁的方法）を受け取った日を初日として計算して8日以内であれば，消費者は事業者に対して，書面によりクーリング・オフできます。この場合，関連商品の販売契約も一緒にクーリング・オフができます。

◆ クーリング・オフ期間が延長される場合

　事業者が，事実と違うことを告げたり威迫したりすることにより，消費者が誤認したり困惑したりして8日以内にクーリング・オフをしなかった場合には，8日間を経過していても，消費者はクーリング・オフをすることができます。

◆ 清算方法

　クーリング・オフを行った場合，消費者がすでに商品もしくは権利を受け取っている場合には，販売業者の負担によって，その商品を引き取ることになっています。

　役務がすでに提供されている場合でも，消費者はその対価を支払う必要はありません。消費者は，損害賠償や違約金を支払う必要はありません。

　すでに頭金など対価を支払っている場合には，すみやかにその金額を返してもらうことができます。

◆ 関連商品が政令指定消耗品の場合

　ただし，消費者が購入した関連商品が政令で消耗品として指定された商品の場合には，下記の条件をすべて満たしているときは，使用済みの関連商品についてはクーリング・オフをすることができないので，購入しなければなりません。

① 政令で消耗品として指定された商品であること。

　　いわゆる健康食品，化粧品，美容医療の場合の関連商品のすべてです。

② 法律に従った契約書面を消費者が受け取っていること。

　　契約書面を受け取っていない場合や契約書面の記載内容に法律を守っていない部分がある場合には，使用していてもすべてクーリング・オフができます。

③ 消費者が自分の判断で使用していること。

　　事業者に指示されて使用した場合にはクーリング・オフできます。

Ⅲ　特定商取引法

④　クーリング・オフできなくなるのは，使用した商品と同種の商品の通常
の小売の最小単位によります。

その販売業者がどのような単位で販売しているかによるのではなく，同
種の商品が店舗等で通常販売されている単位によって判断します。

（QⅢ-24）継続的な役務提供取引についての取消制度

特定継続的役務提供取引で，取り消すことができるのは
どのような時ですか。また，関連商品を別の業者と販売
契約している場合でも解消できますか。

 取消しできるのは，役務提供契約や関連商品の販売契約の勧誘の際に，
事業者が，重要事項について事実と異なることを告げたり重要事項を
告げなかったことにより，消費者が誤認して契約した場合です。役務
契約を取り消すとともに関連商品の販売契約もあわせて契約解除する
ことができます。

◆取り消すことができる場合（法49条の２）

消費者が契約を取り消すことができるのは次の場合です。

(1)　勧誘の際の不実告知による誤認

事業者が契約の締結について勧誘を行う際，以下の行為をしたことにより，
消費者がそれぞれ以下の誤認をすることによって契約の申込みまたはその承諾
の意思表示をしたときには，その意思表示を取り消すことができます。

1　下記の重要事項について，事業者から事実と違うことを告げられた場
合であって，その告げられた内容が事実であると誤認した場合
【重要事項】（法44条１項１号～８号）
　―　役務又は役務の提供を受ける権利の種類及びこれらの内容又は効果

（権利の場合にあつては，当該権利に係る役務の効果）その他これら
に類するものとして主務省令で定める事項

二　役務の提供又は権利の行使による役務の提供に際し当該役務の提供
を受ける者又は当該権利の購入者が購入する必要のある商品がある場
合には，その商品の種類及びその性能又は品質その他これらに類する
ものとして主務省令で定める事項

三　役務の対価又は権利の販売価格その他の役務の提供を受ける者又は
役務の提供を受ける権利の購入者が支払わなければならない金銭の額

四　前号に掲げる金銭の支払の時期及び方法

五　役務の提供期間又は権利の行使により受けることができる役務の提
供期間

六　当該特定継続的役務提供等契約の解除に関する事項（第48条第1
項から第7項まで及び第49条第1項から第6項までの規定に関する
事項を含む。）

七　顧客が当該特定継続的役務提供等契約の締結を必要とする事情に関
する事項

八　前各号に掲げるもののほか，当該特定継続的役務提供等契約に関す
る事項であつて，顧客又は特定継続的役務の提供を受ける者若しくは
特定継続的役務の提供を受ける権利の購入者の判断に影響を及ぼすこ
ととなる重要なもの

2　第44条第2項の規定に違反して故意に事実を告げない行為　当該事
実が存在しないとの誤認（法49条の2第1項2号）

(2)　勧誘の際の不告知による誤認

上記1の重要事項の一から六について，事業者から故意に事実を告げられな
かった場合であって，その事実が存在しないと誤認した場合です。

◆ 関連商品の販売契約の扱い

役務契約を取り消す場合，消費者は関連商品の販売契約もあわせて契約解除
することができます。販売契約の販売業者が，役務提供契約の役務提供業者と

同一の場合も，別業者の場合も，同様に解除が可能です。この点は，特定継続的役務提供契約における関連商品の取扱いに関する大きな特徴です。

◆ 取消しができる期間と清算方法

訪問販売の場合と同様です。取消しができるのは，追認できる時から1年間，最長でも契約締結から5年間です。

 　中途解約制度

中途解約とはどういう意味ですか。

A　契約期間中なら，将来に向かって契約を解消することができるという意味です。

◆ はじめに

エステティックサロンの契約などでは，契約を締結してから何回かサービスを利用したのちに契約を続けたくないという事情が生ずる場合があります。転勤や仕事の内容が変わり通うことが難しくなった，何回か通ってみて自分に合わないことがわかったなどという場合，とくに理由はないが通いたくなくなる場合もあります。

過去に，業者の中には，中途解約は認めなかったり，いったん支払った対価は一切返金しないという契約条項を設けていたケースがありました。消費者が中途解約を希望しても契約条項を根拠に返金や中途解約を拒絶してトラブルになるケースが後を絶ちませんでした。

そこで，特定商取引法では，契約を締結して，クーリング・オフ期間は経過してしまい，取消事由があるわけでもない，という場合でも，まだ契約では残っている役務提供契約を将来に向かって解消することができる制度を定めました。あわせて，中途解約した場合の清算方法についても規制しています。

◆ 中途解約制度の概要（法49条）

　消費者は，クーリング・オフ期間の経過後においても，将来に向かって特定継続的役務提供など契約を中途解約することができます。中途解約できるのは，契約で定められた役務提供期間です。中途解約の方法は，事業者に対して，中途解約する旨の通知をする方法で行います。ハガキなどで簡易書留や特定記録郵便で行うのがトラブル防止のうえでベターです。内容は，コピーして保管しておきます。

　その際，事業者が消費者に対して請求することができる違約金や解約手数料などの合計額の上限が特定商取引法で規制されています。なお，事業者が，それ以上の額をすでに受け取っている場合には，残額を返還しなければなりません。

(1)　役務の提供を受ける前に中途解約した場合

　事業者が，解約にあたり請求できる金額の上限は，次の表のとおりです。

エステティック・美容医療・家庭教師	2万円
語学教室・パソコン教室	1万5000円
学習塾	1万1000円
結婚相手紹介サービス	3万円

(2)　サービス利用後の中途解約の場合

　利用済みのサービスの対価（契約締結時の単価を上限とする）と次の表の限度内の違約金や解約手数料の合計額が，事業者が請求できる上限です。

エステティックサービス	2万円又は当該契約に係る役務の総額から提供された役務の対価に相当する額を控除した額（契約残額）の100分の10に相当する額のいずれか低い額
美容医療	5万円又は契約残額の100分の20に相当する額のいずれか低い額
家庭教師	5万円又は当該契約における1月分の役務の対価に相当する額のいずれか低い額
学習塾	2万円又は当該契約における1月分の役務の対価に相当する額のいずれか低い額
語学教室・パソコン教室	5万円又は契約残額の100分の20に相当する額のいずれか低い額
結婚相手紹介サービス	2万円又は契約残額の100分の20に相当する額のいずれか低い額

◆ 関連商品の扱い

　中途解約する場合には，関連商品の販売契約もあわせて中途解約できます。この場合には，使用済みの部分は対価を支払う必要がありますが，未使用の部分は未使用商品を返還し，対価を支払う必要はありません。消費者が対価を支払済みの場合には，事業者は返金しなければならないことになります。

QⅢ-26　連鎖販売取引の定義

連鎖販売取引とはどのような取引を意味しますか。定義を教えてください。

　連鎖販売取引とは，儲け話のうち「特定利益」が得られることを誘引とする商品等の販売契約を指します。いわゆるマルチ商法の一種です。

◆ 定義（法33条）

　連鎖販売業とは，下記の要件を満たす取引です。

> ①　事業者の事業内容が，物品の販売または役務の提供などの事業であって，
> ②　その契約を締結した消費者が，再販売，受託販売もしくは販売のあっせん（または役務の提供もしくはそのあっせん）をする者となるもので，
> ③　特定利益が得られると誘引し，
> ④　特定負担を伴う取引（ランクアップなどの取引条件の変更を含む。）をするもの

◆ 連鎖販売取引＝マルチ商法ではない

　事業者と消費者との物品の販売契約や有償の役務提供契約のうち，事業者が「特定利益が得られる」と誘引するもので，消費者が特定負担をする取引ということです。特定利益や特定負担は，特定商取引法独特の特殊な用語です。こ

の意味については，後述していますので，参照ください。

　わかりやすく説明すると，儲け話で消費者を釣って契約させ物品や役務を売りつける取引のうち，儲けの内容が「特定利益」にあたる取引を指します。誘引の段階で，「特定利益」により儲かると誘っている点がポイントになります。

　いわゆるマルチ商法の一種です。連鎖販売取引＝マルチ商法ではないので，注意してください。たとえば，近年大学生などの若者に多発している情報商材に関する被害では，「後出しマルチ」といわれるものがあります。何が「後出し」なのかというと，「特定利益」が後出しなのです。つまり，契約の誘引・勧誘から締結の段階では，事業者は特定利益は持ち出しません。契約締結後，消費者を特定負担の支払などができずに困った状態に追い込んだうえで「特定利益」を持ち出して，販売組織から逃げられないように追い込んでいくという手法を取ります。この「後出しマルチ」は，マルチ商法ではありますが，連鎖販売取引の要件の「特定利益が得られるとして誘引する」事実がないため，連鎖販売取引として規制することができないわけです。そのため，監督官庁は，訪問販売に該当する取引については訪問販売の規制に違反していることに着目して業務停止命令などの処分をしています。

◆ 具体的な取引の事例

　具体的には，「他の人を勧誘して入会させると1万円の紹介料がもらえます」などと言って人々を勧誘して，その販売組織に入るための条件として，1円以上の負担をさせ，その物品や役務を提供する取引をさせる場合などが典型例です。実態はもっと複雑で多様な契約形態をとっているものも多くありますが，入会金，保証金，サンプル商品，商品などの名目を問わず，取引を行うために何らかの金銭負担があるものはすべて「連鎖販売取引」に該当します。

◆ 特定利益とは何か　（法33条1項，カッコ書）

　特定利益とは，その契約をすることにより消費者が得られる利益のうち，「その商品の再販売，受託販売若しくは販売のあつせんをする他の者又は同種役務の提供若しくはその役務の提供のあつせんをする他の者が提供する取引料その他の主務省令で定める要件に該当する利益の全部又は一部」を指します。

　主務省令（施行規則）では，具体的には次の表の種類の趣旨の利益を特定利益として定めています。消費者が自分で小売りしたことにより得られる利益は，特定利益に該当しない点がポイントです。つまり，特定利益を得ようとすると，販売員を増やすことが必要です。連鎖販売取引の問題点は，販売組織の一員である販売員となったうえで，さらに販売員を増やし続けることが大きな利益につながる構造となっている点が，ポイントというわけです。

- 自分以外の販売員に対する卸売り利益
- 販売員となる者を勧誘して契約させたことによる利益（いわゆるリクルートマージン）
- 自分以外の販売員が，販売員を獲得したり物品などを販売したことにより，得られる利益（いわゆるスリーピングマージン）

　特定利益については「得られるとして誘引すること」が要件です。誘引には，勧誘はもちろんですが，広告も対象になります。

◆ 特定負担とは何か（法33条1項）

　特定負担とは，「その商品の購入若しくはその役務の対価の支払又は取引料の提供」を意味します。

　「取引料」とは，同条3項で，「取引料，加盟料，保証金その他いかなる名義をもつてするかを問わず，取引をするに際し，又は取引条件を変更するに際し提供される金品をいう。」と定められています。

　特定負担は，連鎖販売取引に「伴う」ことが必要とされています。契約条件として定められている場合だけでなく，契約条件としては定められていなくても現実に消費者がその取引に関して金銭を支払っているという事実があれば，「伴う」要件を満たすことになります。

QⅢ-27　連鎖販売取引規制の概要

連鎖販売取引に関する規制の概要を教えてください。

 連鎖販売取引の規制は，広告規制・勧誘行為に関する規制・書面交付義務などの行政規制とクーリング・オフ制度・取消制度・中途解約制度などの民事ルールがあります。

◆ 規制の概要

　消費者被害を防止するための行政規制と被害救済に活用できる民事ルールの概要は，下記のとおりです。なお，事業者が行政規制に違反した場合には，監督官庁が改善指示・業務停止命令・禁止命令などの行政処分をすることができます。

◆ 行政規制

(1)　氏名などの明示（法33条の2）

　統括者（連鎖販売業を実質的に掌握している者），勧誘者（統括者が勧誘を行わせる者）または一般連鎖販売業者（統括者または勧誘者以外の連鎖販売業を行う者）は，連鎖販売取引を行うときには，勧誘に先立って，消費者に対して，下記の事項を告げなければなりません。一般連鎖販売業者とは，連鎖販売契約を締結した消費者も含みます。

- 統括者，勧誘者または一般連鎖販売業者の氏名（名称）（勧誘者，一般連鎖販売業者にあっては統括者の氏名（名称）を含む）
- 特定負担を伴う取引についての契約の締結について勧誘をする目的である旨
- その勧誘にかかわる商品または役務の種類

---

(2)　禁止行為（法34条）

　統括者または勧誘者が契約の締結についての勧誘を行う際，または契約解除

縦書き側注：Ⅲ　特定商取引法

（＝クーリング・オフ）を妨げるために行う下記のような不当な行為を禁止しています。

- 勧誘の際，または契約の解除を妨げるために，商品の品質・性能など，特定利益，特定負担，契約解除の条件，そのほかの重要事項について事実を告げないこと，あるいは事実と違うことを告げること。
- 勧誘の際，または契約の解除を妨げるために，相手方を威迫して困惑させること。
- 勧誘目的を告げない誘引方法（いわゆるキャッチセールスやアポイントメントセールスで勧誘目的を告げない方法のもの）によって誘った消費者に対して，公衆の出入りする場所以外の場所で，特定負担を伴う取引についての契約の締結について勧誘を行うこと。

⑶　広告の表示（法35条）

　統括者，勧誘者，一般連鎖販売業者は，連鎖販売取引について広告する場合には，その連鎖販売に関して，以下の事項を表示することが義務付けられています。なお，電子メール広告なども対象になります。

① 商品（役務）の種類
② 取引に伴う特定負担に関する事項
③ 特定利益について広告をするときにはその計算方法
④ 統括者などの氏名（名称），住所，電話番号
⑤ 統括者などが法人で，電子情報処理組織を使用する方法によって広告をする場合には，当該統括者などの代表者または連鎖販売業に関する業務の責任者の氏名
⑥ 商品名
⑦ 電子メール広告の場合には，統括者などの電子メールアドレス

⑷ 誇大広告などの禁止 (法36条)

　誇大広告や著しく事実と相違する内容の広告を禁止しています。この場合の広告には，電子メール広告も含まれます。

⑸ 未承諾者に対する電子メール広告の提供の禁止 (法36条の３)

　消費者があらかじめ承諾しない限り，統括者，勧誘者または一般連鎖販売業者は連鎖販売取引について電子メール広告を送信することを，原則として禁止されています（オプトイン規制）。

　この規制は，電子メール広告の受託事業者も対象となります。当該電子メール広告の提供について，消費者から承諾や請求を受けた場合は，最後に電子メール広告を送信した日から３年間，その承諾や請求があった記録を保存することが義務付けられています。

　ただし，以下の場合は規制の対象外とされています。

---

① 「契約の成立」「注文確認」「発送通知」など契約内容や契約履行に関する通知など「重要な事項」を通知するメールの一部に広告が含まれる場合

② メルマガなどに付随した広告
　消費者からの請求や承諾のもとに送信する電子メール広告の一部に広告を記載する場合

③ フリーメール等に付随した広告
　インターネット上の無料でメールアドレスを取得できるサービスにより取得したメールアドレスを使用したメールで，無料で利用できる条件として，そのアドレスからメールを送るとそのメールに広告を記載する場合

⑹ 書面の交付 (法37条)

　連鎖販売業者が連鎖販売取引について契約する場合，契約締結前と契約締結後に，それぞれ以下の書面を消費者に交付することを義務付けています（消費者の承諾があれば電磁的方法でよい）。

a　契約締結の前

その連鎖販売業の概要を記載した書面（いわゆる概要書面）を交付する義務があります。この書面に記載すべき事項は，法律と主務省令で細かく定められています。

b　契約締結後

契約締結後には，遅滞なく（契約締結日から2～3日くらい），契約内容について明らかにした書面（いわゆる契約書面）を交付する義務があります。記載すべき事項については法律と主務省令で詳細に定められています。記載すべき事項の項目は下記のとおりです。なお，いずれも，消費者の承諾があれば電磁的方法による情報提供でよいとされています。

---

① 商品の種類，性能，品質に関する事項（権利，役務の種類およびこれらの内容に関する事項）

② 商品の再販売，受託販売，販売のあっせん（同種役務の提供，役務の提供のあっせん）についての条件に関する事項

③ 特定負担に関する事項

④ 連鎖販売契約の解除（クーリング・オフ）に関する事項

⑤ 統括者の氏名（名称），住所，電話番号，法人ならば代表者の氏名

⑥ 連鎖販売業を行う者が統括者でない場合には，当該連鎖販売業を行う者の氏名（名称），住所，電話番号，法人ならば代表者の氏名

⑦ 契約年月日

⑧ 商標，商号そのほか特定の表示に関する事項

⑨ 特定利益に関する事項

⑩ 特定負担以外の義務についての定めがあるときには，その内容

⑪ 割賦販売法に基づく抗弁権の接続に関する事項

⑫ 法第34条に規定する禁止行為に関する事項

最後の記載事項は，連鎖販売取引に関する契約を締結した消費者は，連鎖販売加入者であり一般連鎖販売業者となります。そして，特定利益を得るために販売員となる者を勧誘する行為を行う立場になります。そこで，販売員になっ

た場合には，やってはいけないことを契約書面に明記することにより告知することを義務付けたわけです。

◆ 民事ルール

(1) クーリング・オフ制度（法40条）

　消費者（その事業を店舗を持たないで行う個人に限る）は，法律で決められた契約書面又は電磁的方法を受け取った日（ただし，再販売型の連鎖販売取引の場合には，販売対象の商品の引渡しの方が契約書面の交付より後である場合には，商品の引渡しを受けた日）から数えて20日間以内は，消費者はクーリング・オフをすることができます。この事業者に対する通知は，書面（具体的には，書留などの郵便ということ）によることと定められています。

　なお，連鎖販売業者が，事実と違うことを言ったり威迫したりすることにより，消費者が誤認したり困惑してクーリング・オフしなかった場合には，上記期間を経過していても，消費者はクーリング・オフをできます。

　クーリング・オフによる効果としては，契約は最初にさかのぼって解消されます。業者は契約の解除に伴う損害賠償や違約金の支払を請求できません。引渡済みの商品がある時は，消費者は事業者に返還しなければなりませんが，その引取費用は業者の負担です。業者は支払われた代金，取引料をただちに返還する必要があります。

(2) 中途解約・返品ルール（法40条の２）

　組織に入会した消費者（無店舗個人に限る）は，クーリング・オフ期間の経過後も，将来に向かって連鎖販売契約を解除できます。つまり，退会して販売員をやめるのは，いつでも自由にできるということです。

　途中で退会した消費者は，以下の条件をすべて満たせば，商品販売契約を解除することができます。引渡しを受けた商品も返品が可能ということです。この場合に，事業者が消費者に請求できるのは，販売価格の１割が上限です。

---

① 入会後１年を経過していないこと。

② 引渡しを受けてから90日を経過してない商品であること。

③ 商品を再販売していないこと。

---

④　商品を使用または消費していないこと（商品の販売を行ったものがその商品を使用または消費させた場合を除く）。

⑤　自らの責任で商品を滅失またはき損していないこと。

　返品できる期間の90日は，販売契約締結日ではなく，販売契約によって商品が消費者に引き渡された日を基準に計算することに注意が必要です。

　すでに消費者が，販売価格の一部か全部を支払済みの場合には，事業者は販売価格の1割を控除して残りを消費者に返還する義務があります。この代金の返還義務については，消費者と販売契約を締結した連鎖販売事業者が負いますが，販売契約締結業者が統括者ではない場合には，販売業者と共に統括者も連帯責任を負います。

(3)　取消制度（法40条の3）

　事業者が，契約の締結について勧誘をする際に次のような行為をし，それにより消費者が誤認したことによって契約したときは，消費者は，追認することができる時から1年間は契約を取り消すことができます。

①　事実と違うことを告げられた場合であって，その告げられた内容が事実であると誤認した場合

②　故意に事実を告げられなかった場合であって，その事実が存在しないと誤認した場合

QⅢ-28 業務提供誘引販売取引の定義

業務提供誘引販売とは，どのような取引ですか。定義を
教えてください。

 物品や役務の販売業者が，消費者を業務提供利益が得られると誘引し
て，消費者と契約する物品や役務提供に関する取引のことで，内職な
どの儲け話で釣って消費者に商品やサービスなどを販売する取引形態
の一種です。

Ⅲ　特定商取引法

◆ 導入の経緯

　2000年前後から，事業者が，内職やモニターなどの仕事を提供するから儲か
ると持ち掛け，仕事を提供する契約とともに，仕事をするために必要なものや
技術・知識などを有償で提供する契約をさせる取引が出現しました。当時は，
「内職商法」とか「モニター商法」などといわれました。ところが，実際には
利益が得られないことが多く，消費者は，ほとんど利益が得られないとわかる
と，仕事をもらう契約とともに仕事に必要だとの説明で契約した商品の販売契
約なども解消しようとしました。ところが，事業者は，別個の契約だからとい
う理由で，商品の販売契約などの解消には応じませんでした。そのため，消費
者は，不必要な商品などを売りつけられたままになる，という被害を受ける結
果となりました。

　消費者にとっては，業者から提供される仕事をするために必要だから商品や
役務を購入したものなので，二つの契約は密接にかかわっており，一体のもの
と認識されていました。しかし，民法理論では，販売契約と業務を提供すると
いう性質の全く異なる二つの契約を一つの契約として扱うことは難しいという
実情にありました。そこで，消費者被害を防止したり救済をしやすくする必要
から，特定商取引法に導入されたものです。

◆ 定義（法51条）

　「業務提供誘引販売取引」は，物品や役務にかかる取引であり，次の要件を

満たす取引と定義されています。消費者を儲け話で釣って商品などを売りつける取引の一種です。ポイントは，「業務提供利益」が得られるとして誘引するという点です。

　連鎖販売取引も，儲け話で釣る取引形態という点ではよく似ていますが，連鎖販売取引の「儲け」は特定利益です。誘引する利益の内容が特定利益なのか業務提供利益なのかによって，どちらの取引になるかが区別されます。

---

① 　事業者の業務が，物品の販売または役務の提供（そのあっせんを含む）の事業であって，
② 　事業者が，業務提供利益が得られると消費者を誘引し，
③ 　その者と特定負担を伴う取引をするもの

◆ 業務提供利益とは

　業務提供誘引販売の定義のもっとも重要なポイントとなる「業務提供利益」について，特定商取引法51条1項では，「その販売の目的物たる物品（以下…「商品」という。）又はその提供される役務を利用する業務（その商品の販売若しくはそのあっせん又はその役務の提供若しくはそのあっせんを行う者が自ら提供を行い，又はあっせんを行うものに限る。）に従事することにより得られる利益」であると定めています。

　整理すると業務提供利益の「業務」に該当するか判断するうえでは，二つの点がポイントになります。

---

① 　その契約によって事業者が提供するか，あっせんする商品か役務を利用する業務であること。
② 　その業務は，事業者が消費者に提供するか，あっせんするものであること。

　なお，「業務提供利益が得られること」は事業者による誘引があれば，要件を満たします。つまり，広告でも勧誘でもよいということです。必ずしも契約内容に盛り込まれている必要はありません。

◆ 特定負担とは（法51条）

特定負担とは，「その商品の購入若しくはその役務の対価の支払又は取引料の提供」を意味します（法51条1項）。取引料とは，「…「取引料」とは，取引料，登録料，保証金その他いかなる名義をもつてするかを問わず，取引をするに際し，又は取引条件を変更するに際し提供される金品をいう。」（同条2項）と定められています。

つまり，消費者が業務提供誘引販売取引において事業者に対して支払う金銭のことを意味します。特定負担は，「伴う」ことが要件です。契約条件となっている場合だけでなく，契約では定められていなくても実際には消費者が金銭を支払っていれば要件を満たすことになります。

◆ 具体的な事例

典型的な具体例としては，次のようなものがあります。

- 事業者が販売するコンピューターソフトを使用して行う，あるいは事業者の提供する研修を受けて行う，ホームページ作成の在宅ワークを事業者が提供，あるいはあっせんするというもの
- 事業者が販売する着物を着用して着物の展示会で接客を行う仕事を事業者が消費者に提供あるいはあっせんするというもの
- 事業者が販売する健康寝具を使用した感想を提供するモニター業務を事業者が消費者に提供，またはあっせんするというもの

業務の提供の契約形態は問いません。業務委託，請負，雇用契約など様々なものが含まれます。

QⅢ-29　業務提供誘引販売取引規制の概要
業務提供誘引販売の規制の概要を教えてください。

 A 業務提供誘引販売の規制は，広告規制・勧誘行為に関する規制・書面交付義務などの行政規制とクーリング・オフ制度や取消制度などの民事ルールがあります。

◆ 規制の概要
　消費者被害を防止するための行政規制と被害救済に活用できる民事ルールの概要は，下記のとおりです。なお，事業者が行政規制に違反した場合には，監督官庁が改善指示・業務停止命令・禁止命令などの行政処分をすることができます。

◆ 行政規制
(1)　氏名等の明示（法51条の2）
　事業者は，業務提供誘引販売取引を行うときには，勧誘に先立って，消費者に対して，以下の事項を告げなければなりません。

---

① 業務提供誘引販売業を行う者の氏名（名称）
② 特定負担を伴う取引についての契約の締結について勧誘をする目的である旨
③ その勧誘に関する商品または役務の種類

---

(2)　禁止行為（法52条）
　事業者が，契約の締結について勧誘を行う際，または契約の解除（＝クーリング・オフ）を妨げるために下記の不当な行為をすることを禁止しています。

---

① 勧誘の際，または解除を妨げるために，商品の品質・性能等，特定負担，契約解除の条件，業務提供利益，そのほかの重要事項について事実

を告げず，あるいは事実と違うことを告げること。

② 勧誘の際，または解除を妨げるために，消費者を威迫して困惑させること。

③ 勧誘目的を告げない誘引方法（いわゆる目的を隠すタイプのキャッチセールスやアポイントメントセールス）により誘引した消費者に対して，公衆の出入りする場所以外の場所で，業務提供誘引販売取引についての契約の締結について勧誘を行うこと。

など

(3) 広告の表示（法53条）

　事業者が業務提供誘引販売取引について広告する場合には，次の事項を表示することを義務付けています。

① 商品（役務）の種類

② 取引に伴う特定負担に関する事項

③ 業務の提供条件

④ 業務提供誘引販売業を行う者の氏名（名称），住所，電話番号

⑤ 業務提供誘引販売業を行う者が法人であって，電子情報処理組織を使用する方法によって広告をする場合には，当該業務提供誘引販売業を行う者の代表者または業務提供誘引販売業に関する業務の責任者の氏名

⑥ 商品名

⑦ 電子メールによる商業広告を送る場合には，業務提供誘引販売業を行う者の電子メールアドレス

(4) 誇大広告等の禁止（法54条）

　上記の表示事項等について，「著しく事実に相違する表示」や「実際のものより著しく優良であり，もしくは有利であると人を誤認させるような表示」を禁止しています。

Ⅲ 特定商取引法

⑸　未承諾者に対する電子メール広告の提供の禁止（法54条の3）

　消費者があらかじめ承諾しない限り，事業者は，業務提供誘引販売取引について電子メール広告を送信することを，原則禁止しています（オプトイン規制）。

　この規制は，事業者から委託を受けた電子メール広告受託事業者も対象となります。

　なお，下記の場合は規制対象から除外されています。

---

①　「契約の成立」「注文確認」「発送通知」などに付随した広告

　　契約内容や契約履行に関する通知など「重要な事項」を通知するメールの一部に広告が含まれる場合

②　メルマガに付随した広告

　　消費者からの請求や承諾を得て送信する電子メール広告の一部に広告を記載する場合

③　フリーメール等に付随した広告

　　インターネット上で無料でメールアドレスを取得できるサービスを利用する場合で，無料の条件として，利用者がそのアドレスから送るメールに広告が記載される場合

⑹　書面の交付（法55条）

　契約締結前と契約締結後に下記の書面交付義務があります（消費者の承諾があれば，電磁的方法でよい）。

a　契約締結前

　事業者は，業務提供誘引販売業の概要を記載した書面（いわゆる概要書面）を消費者に交付する義務があります。この書面に記載すべき事項などは法律と主務省令で詳しく定められています。

b　契約締結後

　契約締結後は，遅滞なく（契約締結日から2～3日程度），契約内容について明らかにした書面（いわゆる契約書面）を消費者に交付する義務があります。この書面に記載すべき事項などは法律と主務省令で詳しく定められています。記載すべき項目は，下記のとおりです。

① 商品の種類，性能，品質に関する事項（権利，役務の種類およびこれらの内容に関する事項）

② 商品（提供される役務）を利用する業務の提供（あっせん）についての条件に関する重要な事項

③ 特定負担に関する事項

④ 業務提供誘引販売契約の解除（クーリング・オフ）に関する事項

⑤ 業務提供誘引販売業を行う者の氏名（名称），住所，電話番号，法人にあっては代表者の氏名

⑥ 契約の締結を担当した者の氏名

⑦ 契約年月日

⑧ 商品名，商品の商標または製造者名

⑨ 特定負担以外の義務についての定めがあるときには，その内容

⑩ 割賦販売法に基づく抗弁権の接続に関する事項

Ⅲ 特定商取引法

◆ 民事ルール

(1) クーリング・オフ制度（法58条）

　消費者（その業務について，事務所等によらない個人に限る）が契約をした場合でも，法律で決められた契約書面又は電磁的方法を消費者が受け取った日から数えて20日間以内であれば，契約の解除（クーリング・オフ）ができます。事業者に対する解除の通知は書面で行う必要があります。

　なお，事業者が，事実と違うことを言ったり威迫したりすることにより，消費者が誤認・困惑してクーリング・オフしなかった場合には，上記期間を経過していても，消費者はクーリング・オフできます。

　クーリング・オフをした場合には，事業者は契約の解除に伴う損害賠償や違約金の支払を請求できません。業者は支払われた代金，取引料をただちに返還しなければなりません。消費者は引渡しを受けた商品を業者に返還しなければなりませんが，引取費用は事業者の負担とされています。

(2) 取消制度（法58条の2）

　事業者が，契約の締結について勧誘をする際，次のような行為をしたことに

より，消費者が誤認をしたことによって契約したときには，消費者は，追認できる時から1年間は契約を取り消すことができます。

---

① 事実と違うことを告げられた場合であって，その告げられた内容が事実であると誤認した場合
② 故意に事実を告げられなかった場合であって，その事実が存在しないと誤認した場合

---

(3) **契約を解除した場合の損害賠償等の額の制限（法58条の3）**

クーリング・オフ期間の経過後，たとえば代金の支払遅延等，消費者の債務不履行を理由として契約が解除された場合に事業者が消費者に対して請求することができる損害賠償の予約（特約条項）に関する規制です。事業者による法外な損害賠償請求を防止するための制度です。

---

① 商品が返還された場合
　通常の使用料の額（販売価格から転売可能価格を引いた額が，通常の使用料の額を超えているときにはその額）
② 商品が返還されない場合
　販売価格に相当する額
③ 役務を提供した後である場合
　提供した役務の対価に相当する額
④ 商品をまだ渡していない場合及び役務の提供前
　契約の締結や履行に通常要する費用の額

これらに法定利率年3％の遅延損害金が加算されます。

QⅢ-30　訪問購入の定義

訪問購入とはどのような取引ですか。定義を教えてください。

A　訪問購入とは，いわゆる「押し買い」を規制するためのものです。買取事業者が，自分の営業所等以外の場所で消費者から物品を買い取る取引を意味します。

◆ 定義（法58条の４）

「訪問購入」とは，下記の要件を満たす取引を意味します。

---

① 物品の購入を業として営む者（＝購入業者）が，

② 購入業者の店舗等の営業所等以外の場所で行う

③ 物品の購入のこと。

　物品は，原則はすべての物品が対象ですが，例外として政令で適用から除外されている物品があるので，注意が必要です。

◆ 政令で適用除外とされている物品

　「売買契約の相手方の利益を損なうおそれがないと認められる物品」または規制の対象となった場合に「流通が著しく害されるおそれがあると認められる物品」として，政令16条の２で指定されている下記の物品は，適用から除外されています。

〔特定商取引法施行令〕

（法第58条の４の政令で定める物品）

第16条の２　法第58条の４の政令で定める物品は，次に掲げる物品とする。

　一　自動車（二輪のものを除く。）

Ⅲ　特定商取引法

　　二　家庭用電気機械器具（携行が容易なものを除く。）

　　三　家具

　　四　書籍

　　五　有価証券

　　六　レコードプレーヤー用レコード及び磁気的方法又は光学的方法により音，影像又はプログラムを記録した物

◆ 適用除外取引（法58条の17第1項）

　さらに，訪問購入の定義に該当する取引であっても，以下の取引は特定商取引法が適用されません。

- 事業者間取引の場合
- 海外にいる人に対する契約
- 国，地方公共団体が行う訪問購入
- 特別法に基づく組合，公務員の職員団体，労働組合がそれぞれの組合員に対して行う訪問購入
- 事業者がその従業員に対して行った訪問購入

◆ 部分的な適用除外（法58条の17第2項）（政令16条の3）

　以下の場合は法58条の5，法58条の6第2項および同条3項を除いて，特定商取引法が適用されません。

- その住居において売買契約の申込みをし又は売買契約を締結することを請求した者に対して行う訪問購入
- いわゆる御用聞き取引の場合
- いわゆる常連取引の場合
- 引っ越しの際の荷物の買取りの依頼をした消費者との取引

◆ 訪問購入の行政規制

(1)　事業者の氏名等の明示（法58条の5）

　事業者は，訪問購入を行うときには，勧誘に先立って，消費者に対して以下のことを告げる義務があります。

---

　①　事業者の氏名（法律上の正式な名称）

　②　契約の締結について勧誘をする目的であること。

　③　購入しようとする物品の種類

---

(2)　不招請勧誘の禁止（法58条の6第1項）

　事業者は，訪問購入に係る契約の締結についての勧誘の要請をしていない消費者に対し，消費者の自宅等で売買契約の締結について勧誘をしたり勧誘を受ける意思の有無を確認することを禁止しています。つまり，消費者から依頼された場合以外は，訪問購入の勧誘はしてはいけないということです。たとえば，飛込み勧誘や，消費者から査定の依頼があった場合に契約の勧誘をすることは，禁止されています。

(3)　再勧誘の禁止等（法58条の6第2項・3項）

　事業者は，訪問購入を行うときには，勧誘に先立って相手方に勧誘を受ける意思があることを確認する義務があります。訪問販売の場合には努力義務ですが，訪問購入の場合には法律上の義務です。違反行為は行政処分の対象です。

　さらに，消費者が契約しないと態度表明しているときには，居座って勧誘を継続したり，いったん退去してもその後繰り返し訪問して勧誘したりすることを禁止しています。

(4)　書面の交付（法58条の7，58条の8）

　事業者は，契約の申込みを受けたときや契約を結んだときには，以下の事項を記載した書面を消費者に交付する義務があります（消費者の承諾があれば電磁的方法でよい）。これらの書面の交付日がクーリング・オフ期間の起算日になります。

---

　①　物品の種類

② 物品の購入価格

③ 代金の支払時期，方法

④ 物品の引渡時期，方法

⑤ 契約の申込みの撤回（契約の解除）（クーリング・オフ）に関する事項

⑥ 物品の引渡しの拒絶（法58条の15）に関する事項

⑦ 事業者の氏名（名称），住所，電話番号，法人ならば代表者の氏名

⑧ 契約の申込み又は締結を担当した者の氏名

⑨ 契約の申込み又は締結の年月日

⑩ 物品名

⑪ 物品の特徴

⑫ 物品又はその附属品に商標，製造者名若しくは販売者名の記載があるとき又は型式があるときは，当該商標，製造者名若しくは販売者名又は型式

⑬ 契約の解除に関する定めがあるときには，その内容

⑭ そのほか特約があるときには，その内容

　以上のほか，書面をよく読むべきことを赤枠の中に赤字で記載すべきこと，クーリング・オフ制度に関する事項と共にクーリング・オフ期間内は物品の引渡しを拒絶することができること（法58条の15）についても赤枠の中に赤字で記載する義務があります。書面の字の大きさは8ポイント（官報の字の大きさ）以上であることなども定められています。

⑸　物品の引渡しの拒絶に関する告知義務（法58条の9）

　事業者は，クーリング・オフ期間内に消費者から直接物品の引渡しを受ける時は，消費者に対してその物品の引渡しを拒むことができる旨を告げなければなりません。

⑹　禁止行為（法58条の10）

　以下のような不当な行為を禁止しています。

① 売買契約の締結について勧誘を行う際，又は契約の申込みの撤回（契約の解除）を妨げるために，事実と違うことを告げること。

②　売買契約の締結について勧誘を行う際，故意に事実を告げないこと。

③　売買契約を締結させ，又は契約の申込みの撤回（契約の解除）を妨げるために，相手を威迫して困惑させること。

④　売買契約の対象となる物品の引渡しを受けるため，引渡時期その他物品の引渡しに関する重要な事項について，故意に事実を告げない，事実と違うことを告げる，又は相手を威迫して困惑させること。

など

(7)　転売先などの第三者へ物品を引き渡した場合の，消費者への通知（法58条の11）

　事業者は，消費者から物品の引渡しを受けた後，クーリング・オフ期間内に第三者に転売するなどしてその物品を引き渡したときは，以下の事項を，遅滞なく，消費者に通知する義務があります。

①　第三者の氏名（名称），住所，電話番号，法人ならば代表者の氏名

②　物品を第三者に引き渡した年月日

③　物品の種類

④　物品名

⑤　物品の特徴

⑥　物品又はその附属品に商標，製造者名若しくは販売者名の記載があるとき又は型式があるときは，当該商標，製造者名若しくは販売者名又は型式

⑦　その他相手方が第三者への物品の引渡しの状況を知るために参考となるべき事項

(8)　事業者が物品を転売先の第三者に引き渡した場合の，第三者への通知（法58条の11の2）

　事業者は，消費者から契約対象の物品の引渡しを受けた後，クーリング・オフ期間内に第三者に転売するなどしてその物品を引き渡すときは，以下の事項を，書面により，第三者に通知する義務があります。

---

①　第三者に引き渡した物品が訪問購入取引の相手方から引渡しを受けた物品であること。

②　相手方がクーリング・オフを行うことができること。

③　相手方がクーリング・オフできる期間に関する事項

④　事業者が相手方に対して法58条の8の書面を交付した年月日

⑤　事業者の氏名（名称），住所，電話番号，法人ならば代表者の氏名

⑥　事業者が物品を第三者に引き渡す年月日

⑦　物品の種類

⑧　物品名

⑨　物品の特徴

⑩　物品又はその附属品に商標，製造者名若しくは販売者名の記載があるとき又は型式があるときは，当該商標，製造者名若しくは販売者名又は型式

---

(9)　行政処分・罰則

　行政規制違反については，指示命令（法58条の12）や業務停止命令（法58条の13），業務禁止命令（法58条の13の2）の行政処分のほか，部分的に罰則の規定があります。

◆ 訪問購入の民事ルール

(1)　クーリング・オフ制度（法58条の14）

a　制度の概要

　消費者は，訪問購入により契約の申込みをしたり，契約の締結をした場合には，申込みの撤回や契約を解除すること（＝クーリング・オフ）ができます。ただし，法律で定められた申込書面か契約書面を受け取った日から起算して8日を経過すると，クーリング・オフはできなくなります。

　事業者が，クーリング・オフに関する事項につき事実と違うことを告げたり威迫したりすることによって，消費者が誤認したり，困惑してクーリング・オフを期間内にしなかった場合には，上記期間を経過していても，クーリング・

オフをできます。

なお，クーリング・オフは書面により行うことが必要です。

b 法的効果

消費者がクーリング・オフをした場合，その効果は転売先である第三者に及び，転売先に対して処分物品の返還を請求できます。ただし，事業者が第三者への通知義務を怠り，第三者がクーリング・オフされる可能性があったことについて善意かつ無過失であった場合は，第三者は即時取得する結果，消費者は処分品の返還を求めることはできません。

クーリング・オフを行った場合，事業者は，すでに物品を受け取っている場合は事業者の負担によって，ただちに物品を返却する義務があります。事業者は，違約金等を請求することはできません。また，消費者は，代金を受け取っている場合には，返金する義務がありますが，返金のための費用，たとえば振込費用は事業者の負担とされ，返金するまでの間の利息を支払う義務はありません。

c 適用除外

下記の場合には，消費者はクーリング・オフの権利はありません。

---

① いわゆる常連取引
② 消費者が自宅での契約を請求した時

---

②は，具体的な契約条件などがわかっている場合には不意打ち性がないため，クーリング・オフの対象から除外する趣旨によります。

(2) 物品の引渡しの拒絶（法58条の15）

消費者は，クーリング・オフ期間内は事業者に対して契約対象である物品の引渡しを拒むことができます。

(3) 契約を解除した場合の損害賠償等の額の制限（法58条の16）

クーリング・オフ期間の経過後，消費者が物品の引渡しをしないなどの債務不履行を理由として契約を解除する場合に，事業者が法外な損害賠償を請求することがないよう，以下のように損害賠償額の上限を定めています。

> ①　事業者から代金が支払われている場合，当該代金に相当する額
> ②　事業者から代金が支払われていない場合，契約の締結や履行に通常要
> 　する費用の額

　さらに上記に法定利率年３％（2020年４月から３年間，以後は内閣府令による）の遅延損害金が加算されます。

QⅢ-31　訪問購入の不招請勧誘の禁止

訪問購入では，不招請勧誘が禁止されているということですが，これはどういう意味ですか。

　買取業者が，消費者から依頼を受けていないにもかかわらず，飛び込み勧誘をすることは禁止されているということです。

◆ 不招請勧誘の意味

　不招請勧誘とは，消費者から「この種の商品の買取りのための勧誘に来てください」と呼ばれた場合以外は，消費者宅に勧誘に行ってはいけないということです。つまり，飛込み勧誘は禁止され，消費者から呼ばれた場合のみ，訪問して勧誘をしてもよい，という意味です。

　そして，消費者から呼ばれて訪問した場合にも，特定商取引法の規制がすべてかかってくることになります。

　不招請勧誘の禁止は，訪問購入のみに定められているもので，訪問販売や電話勧誘販売にはない規制です。つまり，訪問販売の場合には飛び込み勧誘は禁止されていないのです。

◆ どういう方法でビジネスをするか

　飛び込み勧誘が禁止されているために，買取業者は，ホームページ，チラシ

の配布，電話勧誘などを行っています。電話で勧誘することは禁止されていないので，買取業者は「処分したいものはありませんか。なんでも買い取りますよ」などと消費者に電話をします。消費者が「呉服がたくさんあるけど，買い取ってもらえますか」というと，「呉服も買いとれますよ。いつ伺えばよいですか」と訪問する日時を決めて訪問してくることになります。

　ホームページで探してメールで依頼したり，電話をしてくる消費者もいますし，チラシをみて電話で依頼してくる消費者もいます。

　このような場合には，通常は，訪問してきた事業者が消費者が処分したいと思っている物品を確認したうえで買取価格を査定し，「これで買い取りますが契約しませんか」と勧誘します。消費者は契約条件に納得すれば，売却する契約をすることになります。つまり，「消費者から勧誘の要請を受けて」訪問勧誘に来たということです。

　一方で，ホームページやチラシなどで，「無料で査定だけでもします」とうたっている場合があります。これを見た消費者が「処分する気はないけど，査定だけしてください」と依頼した場合には，消費者は，契約の勧誘の要請はしておらず，無料の査定を依頼しているだけです。したがって，査定だけして帰らなければならず，「この金額で売ってくれ」などと勧誘することは禁止されています。ただし，事業者が勧誘していないのに，消費者から「その価格で是非買い取ってほしい」と依頼することは自由です。

◆ 商品が違う場合の考え方

　消費者が呉服の処分をしたいので見てほしいとと依頼した場合，やってきた事業者が「貴金属類はないのか」「どこかに，なにかしらあるはずだから，見せてほしい」などと居座る場合があります。このような場合にも，消費者が事業者を呼んでいるので，合法なのでしょうか。

　事実関係を整理すると，この場合には消費者は呉服の処分についての勧誘の要請をしていますが，それ以外の物品の処分の勧誘の要請はしていません。勧誘の要請とは，漠然としたものではなく，処分したい物品ごとに必要です。したがって，貴金属については消費者からの勧誘の要請はないということになり，不招請勧誘の禁止に違反していることになります。

訪問購入のクーリング・オフ制度の特徴

訪問販売などのクーリング・オフ制度と訪問購入のクーリング・オフ制度とでは，違いはありますか。それは，どのような違いですか。

A 訪問購入のクーリング・オフ制度は，訪問販売の場合と比べると大きく三つの違いがあります。違う理由は，消費者が事業者に売却した物品を消費者がクーリング・オフによって取り戻すことができるようにとの視点があるためです。

◆ 訪問購入のクーリング・オフの特徴

　訪問販売の場合には，消費者がクーリング・オフによって契約を解消して不必要な商品を返し，支払済みの代金を返還してもらうという制度です（代金が未払いの場合には，契約が最初にさかのぼって解除されることにより，支払義務がなくなります）。

　一方，訪問購入の場合には，事業者が消費者から消費者が所有している物品を買い取るというものです。消費者がクーリング・オフをする場合には，売却した物品を取り戻すことが目的であることが普通です。ところが，訪問購入業者が消費者から物品を買い取るのは，転売することによって利ザヤによる利益を得ることが目的ですから，なるべく早く転売しようとします。転売して第三者に引き渡されてしまうと，民法の即時取得により所有権はただちに第三者に移転し，消費者は，クーリング・オフをしても物品を取り戻すことはできなくなってしまいます。貴金属類の場合には，まとめて溶かして転売されることが多いのですが，まとめて溶かされた時点で附合が起こり，消費者は，自分のものの返還を求めることはできなくなってしまいます。

　これでは，クーリング・オフ制度の実効性が確保できません。そこで，訪問購入の場合もクーリング・オフの実効性を確保するために，特定商取引法は次の三つの制度を設けています。

◆クーリング・オフ期間内の売却物品の引渡拒絶権（法58条の15，58条の9）

　訪問購入では，消費者は，クーリング・オフ期間内は，売却物品の引渡しを拒否することができます。また，事業者は，消費者に対して，この権利があることを告げる義務があります。告知義務違反は，行政処分の対象になります。

◆転売先への通知義務（法58条の11の2）

　クーリング・オフ期間内に，消費者が引き渡してしまった場合に，事業者が転売しても即時取得が起こらないようにするための制度を設けています。事業者は，クーリング・オフ期間内に転売して転売先に物品を引き渡す場合には，その物品が訪問購入により取得したものであり，クーリング・オフされる可能性があることなどを書面で説明する義務があります。義務違反は，行政処分の対象になります。この説明を受けて物品の引渡しを受けた転売先は，善意の第三者には該当しなくなるため，即時取得は起こらず，消費者はクーリング・オフをしたときは，自分の所有権を主張して物品の返還を求めることができます。

◆消費者への通知義務（法58条の11）

　事業者は，クーリング・オフ期間内に転売して物品を引き渡した場合には，転売先の住所・氏名などを消費者に通知する義務があります。この通知は，文書による必要はありません。この通知により，消費者は，自分が売却した物品が「今，どこにあるか」などを知ることができるわけです。

〔民　法〕
（動産に関する物権の譲渡の対抗要件）
第178条　動産に関する物権の譲渡は，その動産の引渡しがなければ，第三者に対抗することができない。
（即時取得）
第192条　取引行為によって，平穏に，かつ，公然と動産の占有を始めた者は，善意であり，かつ，過失がないときは，即時にその動産について行使する権利を取得する。

Ⅲ　特定商取引法

（動産の付合）

第243条　所有者を異にする数個の動産が，付合により，損傷しなければ
　　分離することができなくなったときは，その合成物の所有権は，主たる
　　動産の所有者に帰属する。分離するのに過分の費用を要するときも，同
　　様とする。

QⅢ-33　ネガティブオプションの規定

注文していないのに，突然一方的に送り付けてきて代金
を請求された場合は代金を支払う義務はありますか。ま
た，受け取ってしまった商品はどうすればよいでしょう
か。

 　売買契約を締結しているわけではないので，代金を支払う義務はあり
ません。受け取ってしまった商品を保管する義務はなく，すぐに廃棄
処分できます。

▶代金の支払についての考え方

　消費者が受け取った商品の代金を支払う義務があるのは，売買契約により代
金を支払うことを約束している場合です。この場合には，売買契約で約束した
代金を，契約で約束した支払期日までに支払う義務があります。

　契約の申込みをしたわけでもないのに突然送り付けられた商品を受け取った
としても，売買契約が成立しているわけではないので，消費者は，代金を支払
う義務はありません。

▶受け取った商品の取扱い──2021年（令和３年）改正特定商
　取引法のポイント

　一方的に送り付けられた商品を消費者が受け取ってしまった場合には，消費

者がその商品を購入する義務はありません。代金を支払う義務はないわけです。民法によれば，消費者がその商品を購入しないのであれば，その商品の所有権は事業者のものということになります。そうすると，消費者は，自分が受け取ってしまった事業者の所有物をどうすればよいか，ということが問題となります。

　2021年（令和3年）改正特定商取引法では，送り付け商法により商品を消費者に送り付けた事業者は，その商品の返還を消費者に求めることはできないという規定に改正しました。

　改正前の規定では，消費者が商品を受け取ってから14日を経過すると事業者は返還請求できなくなると定めていました。つまり，消費者は，商品を受け取ってから14日間は，商品を保管しておく義務があるとされていました。

　2021年改正により，消費者は，送り付け商法で送り付けられた商品については，保管義務はなく，直ちに廃棄処分できることになりました。改正法は，2021年7月6日から施行されています。改正法は，施行日以降に送り付けられた商品に適用があります。

Ⅲ　特定商取引法

IV

割賦販売法

Q Ⅳ-1　割賦販売法の沿革と概要
割賦販売法の制定と改正経緯を教えてください。

 割賦販売法は，1961年（昭和36年）に制定されました。制定当時は，自社割賦などを中心とする業界育成のための法律で，消費者保護の視点はありませんでした。その後の改正で消費者保護の視点が導入され，適用対象取引も拡大していきました。最近の改正は，2020年（令和2年）6月の改正です。改正法の施行は，2021年（令和3年）4月1日からです。

◆割賦販売法の制定
　割賦販売法は，通商産業省（当時）所管の法律として，1961年に制定されました。制定当時の割賦販売法の目的は，割賦流通秩序の確立を目的とするものでした。
　規制対象取引は，自社割賦，前払式割賦販売，チケット販売（同法では，個品割賦購入あっせんと定義した）を対象としていました。規制概要は，割賦販売条件の明示・書面の交付，契約の解除等の制限，所有権留保の推定，標準条件の公示，前払式割賦販売業者の登録等でした。

◆1968年（昭和43年）改正
　前払式割賦販売が拡大（ミシンから家電，家具，楽器等にも拡大していった）したことに伴い様々な問題が多発するようになったことへ対処するために改正されました。具体的には，前払式割賦販売を登録制から許可制にするなどの改正をしました。

◆1972年（昭和47年）改正
　消費者保護の考え方を導入すること，友の会・互助会を規制対象とすることを目的に改正されました。この改正により，消費者保護の視点が導入されることになりました。

　具体的な規制内容としては，取引条件についての開示のルールの強化，クーリング・オフ制度の創設，前受金保全措置の強化，適用範囲にローン提携販売，前払式特定取引（友の会と冠婚葬祭互助会）を追加したこと，割賦購入あっせんにチケット販売だけでなくカード取引にも拡大したことなどです。

　なお，その４年後の1976年（昭和51年）には，訪問販売法（現特定商取引法）が通商産業省（当時）所管の法律として制定されています。

◆ 1984年（昭和59年）改正

　販売信用取引として個別クレジット契約やクレジットカードの利用が拡大し，消費者トラブルが多発したことから，個別クレジット契約やクレジットカードも割賦購入あっせん取引として規制することとし，取引条件や契約内容の開示ルール等の消費者保護ルールを導入しました。あわせて，割賦購入あっせん取引に抗弁権接続に関する規定を創設しました。

◆ 1999年（平成11年）改正

　家庭教師，学習塾，外国語会話教室などの継続的役務取引が広く利用されるようになるのに伴いトラブルが多発したこと，金銭消費貸借契約の形態をとることにより割賦販売法の適用を潜脱することによるトラブルが多発したことから，改正されました。

　規制対象に，指定商品に関する取引のみでなく，訪問販売法と同様に政令指定役務・権利を規制対象へ追加する，割賦購入あっせんの定義を明確化しました。

◆ 2000年（平成12年）改正

　内職・モニター商法のトラブル，インターネット等による割賦販売の多様化への対応を目的とする改正です。

　クレジットカードの規制対象取引に暗証番号やパスワードを付与するだけでカードを発行しないカードレス取引も規制対象に取り込むこと，特定商取引法（旧訪問販売法）の規制対象として業務提携誘引販売取引が新設されたのに合わせて，個別クレジット契約を利用する業務提供誘引販売取引に対する消費者

保護規制の適用などを導入しました。

◆ 2004年（平成16年）改正

マルチ商法等による取引で，個別クレジット契約が利用され消費者トラブルが多発したことから改正されたものです。

個別クレジット契約を利用した連鎖販売取引に対する消費者保護規定の適用等が導入されました。

◆ 2008年（平成20年）改正

高齢者を狙った悪質住宅リフォームの訪問勧誘で個別クレジット契約が利用されたり，高齢者に呉服・布団・絵画・健康器具などの様々な高額商品を販売するために個別クレジット契約を締結させ，支払困難になると自宅を差し押さえるなどの手法で経済的に収奪する事件が多発し，社会問題となりました。

そこで特定商取引法が改正されるとともに，割賦販売法の信用購入あっせんに関する規制が強化されました。信用購入あっせん取引の定義を，政令指定商品・役務の政令指定を廃止して，すべての商品と役務に拡大するとともに（権利については，政令指定制度を維持），支払条件についても「二月を超える支払条件」に拡大しました。さらに特に，個別クレジット契約について，クレジット会社に対して，加盟店締結時・個別の契約における勧誘行為調査義務・苦情に対する調査義務・途上調査義務などの調査義務を課し，契約締結時の消費者の支払能力の調査義務と過剰与信防止義務を課すなどのクレジット規制の強化をしました。個別クレジット会社に加盟店調査義務を課したことに合わせて，特定商取引法によりクーリング・オフ，過量販売解除，取消しができる場合には，個別クレジット会社との間の契約も，同時に解除，取り消しできる制度を導入しました。包括信用購入あっせん業者（翌月1回払いを除くクレジットカード発行業者）に対しても，過剰与信を防止すための支払能力の調査義務や過剰与信の禁止規定などを導入しました。

また，クレジットカード番号が大量に流出して不正使用される事件も起こりました。そこで，翌月一括払い（同法では，二月払いカードという）も含むすべてのクレジットカードを対象に，クレジットカード番号の適正な管理義務を

定めました。

◆ 2016年（平成28年）改正

　クレジットカード番号等の適正管理の観点から，アクワイアラ（加盟店契約を締結するカード会社のこと），自ら加盟店契約を締結して包括加盟店となる決済代行業者について，クレジットカード番号利用契約締結事業者としての登録制度を新設しました。あわせて，アクワイアラ，加盟店，決済代行業者にも，クレジットカード番号の適正管理義務を課し，漏えいや不正使用については刑事罰を設けました。

◆ 2020年（令和２年）改正

　政府が推進している決済のキャッシュレス化の環境整備が主な目的です。

　具体的には，限度額が10万円以下の包括信用購入あっせん取引に該当するクレジットカード発行業に，フィンテック事業者が参入しやすくするように登録要件を緩和し，少額登録包括信用購入あっせん業者に関する登録制度を新設しました。

　また，限度額が10万円以下の包括信用購入あっせん業者については，従来からの支払能力の調査義務に替えてビッグデータの解析のみによることができる制度を設けました。また，限度額や契約額が10万円以下の契約については契約を解除したり，残金の一括請求をするための催告期間を従来の20日以上から７日以上に短縮しました。

　なお，信用購入あっせん契約についてカード発行時・カードを利用した個別の契約時，リボルビングの場合の請求時の書面交付義務を「情報提供義務」と改正し，電子データによることを認めました。ただし，消費者から，書面で行うことを求められた場合には書面による必要があるとしています。また，消費者が支払を怠った場合の上記の催告を電子データで行うことを認めました。

　また，クレジットカード番号の適正な管理の観点から，QRコード決済事業者も規制対象に拡大しました。

目 的

割賦販売法は，何を目的とした法律ですか。

A 同法は，割賦販売等に係る取引の健全な発達を図るとともに，購入者等の利益を保護し，あわせて商品等の流通および役務の提供を円滑にすること，これによって国民経済の発展に寄与することを目的としています。

◆ 割賦販売法１条の規定

同法１条は目的および運用上の配慮について，下記のように定めています。

〔**割賦販売法**〕

（目的及び運用上の配慮）

第１条　この法律は，割賦販売等に係る取引の公正の確保，購入者等が受けることのある損害の防止及びクレジットカード番号等の適切な管理等に必要な措置を講ずることにより，割賦販売等に係る取引の健全な発達を図るとともに，購入者等の利益を保護し，あわせて商品等の流通及び役務の提供を円滑にし，もつて国民経済の発展に寄与することを目的とする。

2　この法律の運用にあたつては，割賦販売等を行なう中小商業者の事業の安定及び振興に留意しなければならない。

◆ 消費者保護の観点

　１条では，「…割賦販売等に係る取引の健全な発達を図るとともに，購入者等の利益を保護し…」と定めています。「取引の健全化」が，この法律の第一番目の目的ですが，あわせて「購入者等の利益の保護」が目的として掲げられています。

　ここでいう購入者とは，消費者を意味しています。つまり，第１条の目的規

定からわかるように，割賦販売法は，消費者の利益を保護することも目的としているということで，消費者法としての性格を持っていることがわかります。

QⅣ-3　規制対象

割賦販売法が規制している取引は，どのような取引ですか。割賦販売とはどのような意味ですか。

 割賦販売法で規制している取引は，2ヵ月以上にわたり3回以上に分割して支払う自社割賦・ローン提携販売・前払式特定取引，翌月一括払いを除いたクレジツト（信用購入あっせん）ですが，さらに，翌月一括払いも含むクレジットカードを対象にしたクレジットカード番号の適正管理のための規制も行っています。

Ⅳ
割賦販売法

◆ はじめに

　割賦販売法では，自社割賦（同法では「割賦販売」という），前払式割賦販売，ローン提携販売，信用購入あっせん，前払式特定取引についての規制をしています。また，これらの取引に関する規制とは別に，クレジットカード番号等の漏えいや不正使用を防止するためのカード番号の適正な管理についての規制も設けています。それぞれの取引の定義における支払条件は，取引ごとに異なる複雑な内容となっているので，規制対象取引の定義のうちの支払条件の部分を中心に紹介しましょう。

◆ 自社割賦（割賦販売）

　販売業者が，商品の販売や有償によるサービス（役務）の提供契約を締結する際に，分割払いにする契約内容で締結する場合を指します。

　この場合に，割賦販売法の適用対象となるのは，政令で指定された商品・役務・権利に関する取引で，契約締結日から2ヵ月を超えて，3回以上の分割払いで支払う条件となっているものに限られます。

　クレジットの発達などでもっぱら個別クレジットが広く利用されるようになり，自社割賦は，一時はあまり見られなくなっていました。その後，悪質加盟店による個別クレジットをめぐる被害が多発し，深刻化したことから，2008年（平成20年）の割賦販売法改正で個別クレジットの規制が強化され，悪質販売業者等はほとんど個別クレジット業者と加盟店契約を締結することが困難となりました。その結果，近年では，個別クレジットを利用できなくなった販売業者等が自社割賦に移行するようになり，自社割賦をめぐる被害が目につくようになっています。

　販売業者がカードを発行して行う自社割賦取引の場合には，2ヵ月以上にわたり3回以上の分割払いのものだけでなく，リボルビング払いのものも対象になります。

◆ 前払式割賦販売

　前記の割賦販売のうち，商品の引渡し前に代金の一部または全部を消費者が支払わなければならないことになっている取引です。この場合には，政令で指定された商品にかかる取引で（役務取引や権利の販売契約は対象にならない），支払条件が，契約締結日から2ヵ月を超えて，3回以上の分割払いで支払う条件となっているものに限られます。

　前払式割賦販売を業として行うためには割賦販売法による許可が必要で，営業保証金制度や前受金保全措置の義務があります。2021年10月現在では，前払式割賦販売の許可業者はありません。かつては，ミシンや家電製品などの販売で活用されていた制度ですが，クレジットの普及などにより後払いが普通になり，いまや前払いの分割方式は利用されなくなっているようです。

◆ ローン提携販売

　加盟店である販売業者，あるいは販売業者から委託された保証会社が，消費者の保証人となるちょっと変わったタイプのクレジットカードです。消費生活センターの相談では，ほとんど目にすることがない取引形態です。

　政令で指定された商品・役務・権利に関する取引で，カード会社に対する支払条件がカード利用時から2ヵ月を超え，3回以上の分割払い，あるいはリボ

ルビング払いになっているものです。

◆ 信用購入あっせん取引

　カードなどを発行しないタイプの個別信用購入あっせん取引（いわゆる個別クレジット取引）と，カードや暗証番号などを消費者に付与するタイプの包括信用購入あっせん取引（いわゆるクレジットカード）の2種類があります。

　いずれも，すべての商品と役務（サービス），政令で指定された権利の販売にかかる取引で，支払条件が，商品などの購入契約から2ヵ月を超える支払条件のもの（つまり，翌月一括払いの場合のみが規制対象外となる）が対象になります。カードの場合には，リボルビング払いも対象になります。

◆ 前払式特定取引

　デパートなどで利用されてきたいわゆる「友の会」と，「冠婚葬祭互助会」が対象になります。支払条件は，契約締結時から2ヵ月を超え3回以上に分割して支払うものが対象です。

　業務として行うためには割賦販売法による許可が必要で，営業保証金制度と前受金保全措置が義務付けられています（前払式割賦販売の規定が準用されます）。法律による民事ルールの定めはありません。ただし，許可の際には，約款の内容も審査の対象になっています。たとえば，契約締結後も中途解約ができる約款内容であることが許可を得るためには必要とされているなどの，実質的な約款規制などの消費者保護の仕組みがあります。

◆ クレジットカード番号等の適正な管理等についての規制

　一般に最も多く利用されているいわゆる翌月一括払いカード（割賦販売法では「二月払いカード」という）も含むすべてのクレジットカードが対象になります。

　カード発行業者，加盟店管理を行うカード会社，決済代行業者，QRコード決済業者，加盟店など，クレジットカード番号を扱うすべての業者が規制対象になります。2020年（令和2年）の改正でカード番号を大量に扱う業者としてQRコード決済業者にも規制を拡大しました。2020年改正法は，2021年4月1

日から施行されています。

　クレジットカード番号の不正使用などについては，刑事罰の定めもあります。

QⅣ-4　割賦販売法の概要

割賦販売法の規制の概要を教えてください。

 ここでは，割賦販売法の全体概要を法律の目次から見てみましょう。各規制のうち，消費生活相談で基本的に必要とされる点については，それぞれの項目の部分で解説しています。

◆ 割賦販売法の概要

　2021年（令和3年）4月1日から施行されている割賦販売法の条文の項目は，以下のとおりです。

Ⅳ
割
賦
販
売
法

第5章　罰則（第49条―第55条の3）
附則

◆ 適用対象取引の定義規定

　割賦販売法の適用対象取引や特殊な用語の定義は，2条で定められています。

◆ 簡単な概要説明

　割賦販売法の「第2章」で定める「割賦販売」は，いわゆる自社割賦業者に関する規制です。

　この中の「第3節」の前払式割賦販売については，2021年10月現在は許可業者は1件もありません。ただし，許可の手続き，営業保証金制度，前受金保全措置などの制度は，前払式特定取引に準用され，機能しています。

　消費生活相談で特に重要なのは，「第3章」の信用購入あっせんに関する規定のうちの民事ルールに関する部分です。業務に関する部分も重要です。「第3節」で定める指定信用情報機関は，クレジット会社が信用購入あっせん取引の際に利用者である消費者の支払能力の調査の際に利用することが義務付けられているもので，相談実務では知っておく必要がある重要な規定です。指定されている具体的な機関は，株式会社シー・アイ・シー（CIC，QⅣ-15参照）です。

　「第3章の4」の，クレジットカード番号等の適切な管理等に関する規定は，翌月一括払いも含むすべてのクレジットカードを対象にする規制です。この点は，包括信用購入あっせんよりも適用範囲が広くなっています。ただし，包括信用購入あっせんにある支払停止の抗弁制度のような民事ルールはありません。また，支払能力の調査義務や過剰与信の禁止などの消費者被害の防止のための制度もないので，注意が必要です。

◆ 割賦販売法の特徴

　消費者法のうち，消費者契約法は民法の特別法であり，純粋な民事ルールです。取締りのための法律ではありません。

　一方で，割賦販売法は，行政機関が民間業者の業を規制するための法律です。

法律の性格が違っています。そのため，割賦販売法は，法律のほかに，政令，施行規則（主務省令）などがあります。割賦販売法を活用するためには，法律の条文だけでなく，政令や施行規則も確認する必要があります。さらに，割賦販売法は，基本的に登録制度や許可制度などの開業規制を課しています。法律違反があった場合には，許可や登録の取消しや業務停止命令，改善指示などができる行政処分の制度があるのも特徴です。

QⅣ-5　開業に対する規制

特定商取引法には開業規制がありませんが，割賦販売法には開業規制があります。割賦販売法による開業規制にはどんなものがありますか。

 A　取引類型によって，登録制度と許可制度があります。後払方式の信用購入あっせんは登録制度，前払式の取引は許可制度になっています。

Ⅳ
割賦販売法

◆ 登録制度と許可制度

　割賦販売法では，登録制度を取るものと許可制度を取るものとがあります。また，一方で，開業規制のないものもあります。

　開業規制がないものとしては，後払式の割賦販売（自社割賦）があります。割賦販売については，行政規制はありますが，行政監督の制度は設けられていません。

　ローン提携販売についても，割賦販売法の開業規制はありません。ローン提携販売によってカード等を発行する事業者は，貸金業法による登録を受けていることが通常であることから，割賦販売法による開業規制を設けなかったようです。

◆ 許可制度を取るもの

　事業者が開業するにあたって経済産業大臣等の許可を得ることが必要とされ

ているのは，前払式割賦販売と前払式特定取引です。許可業者は，経済産業省のホームページで確認することができます。

　現在（2021年10月現在）では，前払式割賦販売の許可業者はありません。

　前払式特定取引は，デパートなどで行われているいわゆる「友の会」と，冠婚葬祭互助会です。前払式特定取引の許可業者はたくさんあり，主として葬儀などではよく利用されています。許可業者は，営業所ごとに営業保証金を供託する義務があります。また，前受金については前受金を保全する義務があります。これは，消費者が事業者に前払いする形態の取引であり，事業者が倒産すると消費者が損害を被る結果となるため，前払金の半額は，事業者が倒産しても返金できるようにするための制度です。

◆ 登録制度

　割賦販売法による登録が必要なものは下記のとおりです。

(1)　包括信用購入あっせん業者

　2ヵ月を超える支払条件のクレジットカードを発行するカード業者（イシュア）が対象です。資本要件や純資産が5000万円以上の法人であることなどが必要です。

　分割払いのクレジットカードやリボルビング払いのクレジットカードを発行するカード会社などが対象になります。

(2)　登録少額包括信用購入あっせん業者

　2020年（令和2年）改正で，キャッシュレス化を推進するために業者が参入しやすいように，登録要件を緩くした制度を導入しました。2021年4月1日から施行されています。限度額が10万円以下で，2ヵ月を超える支払条件のクレジットカード発行業者を対象にした登録制度です。

　IT事業者などのいわゆるフィンテック業者が参入しやすいようにするために導入されました。法人であることが必要ですが，資本要件がなく，資産要件も緩くなっています。

(3)　クレジットカード番号等取扱契約締結事業者

　加盟店契約を締結するクレジットカード業者（アクワイアラ）と自ら販売業者等と加盟店契約を締結する決済代行業者なども対象です。すべてのクレジッ

トカードが対象になります。クレジットカード番号が不正使用されたりしない
ように，カード番号の適正管理を義務付けるための制度です。

⑷　**個別信用購入あっせん業者**

　個別クレジット契約を業としている業者が対象です。資本要件のほか，純資
産が5000万円以上の法人であることなどが必要です。

QⅣ-6　割賦販売に対する規制

割賦販売については，どんな規制が設けられていますか。
また，どんな問題があるのでしょうか。

 取引条件の表示や契約書面の交付などが義務付けられています。

Ⅳ　割賦販売法

◆ 割賦販売の特徴

　割賦販売（自社割賦）とは，販売業者が消費者と売買契約等を結ぶときの支
払条件が分割払いになっているものを指します（ただし，割賦販売法で規制さ
れている割賦販売は，政令で指定された商品・権利・役務に限定されていま
す）。「分割払い」とは，代金の支払方法が契約締結時から2ヵ月を超えており，
3回以上の分割払いのものを指します。

　支払方法を除けば，通常の売買契約です。したがって，民事ルールとしては，
民法と消費者契約法によります。訪問販売などの場合には，さらに特定商取引
法の適用があります。

　それでは，割賦販売法で特に規制する必要があるのはなぜなのでしょうか。
それは，代金の支払方法が分割払いという複雑な内容であり，契約締結後も長
期にわたり支払を続けなければならないというものだからです。

　そこで，割賦販売法では，事業者に対して，消費者に対する書面による情報
提供を義務付けているわけです。

◆ 規制の概要

　割賦販売法による割賦販売に関する規制の概要は下記のとおりです。

(1)　割賦販売条件の表示（法3条）

　割賦販売業者は，割賦販売をするときは，消費者に対して，次の事項などについて示さなければならないとされています。

> ・現金提供価格・割賦提供価格・対価の支払の期間及び回数・割賦販売の手数料の料率など

　違反については50万円以下の刑事罰の規定があります（法53条）。ただし，行政監督の制度はありません。

　また，自社発行型のカード等により割賦販売をする場合には，カード等の発行時と個別の販売契約締結時に対価の支払時期および期間と回数・割賦販売の手数料の料率などを記載した書面を消費者に交付しなければならないとしています。

　割賦販売業者が広告をするときには，現金提供価格・割賦提供価格・対価の支払の期間および回数・割賦販売の手数料の料率などを表示しなければならないと定めています。

(2)　契約書面の交付（法4条）

　割賦販売業者は，割賦販売の方法による契約を締結したときは，遅滞なく契約の内容を明らかにする書面を消費者に交付しなければならず，この場合の書面の記載事項や記載方法についても具体的な定めがあります。

　割賦販売業者は，割賦販売に係る弁済金の支払を請求するときは，あらかじめ，弁済金を支払うべき時期，および支払うべき弁済金の額およびその算定根拠を記載した書面を消費者に交付しなければなりません。

　なお，以上の書面については，電子データでもよいとされています。ただし，消費者から文書によることを求められた場合には書面によらなければなりません。

　以上の情報提供に関する違反については50万円以下の刑事罰の規定があります（法53条）。ただし，行政監督の制度はありません。

⑶　契約の解除等の制限（法5条）

　消費者が支払を怠った場合に，契約の解除あるいは残金の一括請求をしよう とする場合には，20日以上の相当な期間を定めてその支払を書面で催告し，そ の期間内にその義務が履行されないときでなければ，賦払金の支払の遅滞を理 由として，契約を解除し，または支払時期の到来していない賦払金の支払を請 求することができません。この規定に反する特約は，無効です（片面的強行規 定）。

⑷　契約の解除等に伴う損害賠償等の額の制限（法6条）

　割賦販売業者は，契約が解除された場合（同条3項および4項に規定する場 合を除く）には，損害賠償額の予定または違約金の定めがあるときにおいても， 下記金額とこれに対する法定利率による遅延損害金の額を加算した金額を超え る額の金銭の支払を消費者に対して請求することができません。つまり，下記 を超える特約を設けても，超える部分はその効果が認められないということで す。

> ①　**商品または権利が返還された場合**
>
> 　商品の通常の使用料の額または権利の行使により通常得られる利益に相 当する額（当該商品または当該権利の割賦販売価格に相当する額から当該 商品または当該権利の返還された時における価額を控除した額が通常の使 用料の額または当該権利の行使により通常得られる利益に相当する額を超 えるときは，その額）
>
> ②　**商品または権利が返還されない場合**
>
> 　商品または権利の割賦販売価格に相当する額
>
> ③　**契約の解除が商品の引渡しもしくは権利の移転または役務の提供の開 始前である場合**
>
> 　原則として，契約の締結及び履行のために通常要する費用の額
>
> ④　**遅延損害金の上限**

　消費者が分割払いを怠った場合（契約が解除されない場合）には，遅延損害 金の上限は，割賦販売価格からすでに支払われた金額を控除した額に対する法

定利率を請求することはできません。

⑸　所有権留保の推定（法7条）

　割賦販売の方法により販売された指定商品（耐久性を有するものとして政令で定めるもの＝適用対象取引の政令指定商品のうち，いわゆる健康食品・コンドーム・化粧品以外のもの）の所有権は，賦払金の全部の支払の義務が履行される時までは，割賦販売業者に留保されたものと推定するとの規定があります。支払が完了するまでは，完全には消費者は所有権者とはならず，所有権は担保として販売業者に留保されることになっているわけです。

◆ 適用除外（法8条）

　以上の消費者保護を目的とする規制は，下記の取引には適用がありません。

---

①　個客が営業のために若しくは営業として締結する取引（ただし，連鎖販売個人契約，業務提供誘引販売個人契約には適用されます）

②　本邦外に在る者に対して行う割賦販売

③　国又は地方公共団体が行う割賦販売

④　次の団体がその直接又は間接の構成員に対して行う割賦販売（団体が構成員以外の者にその事業又は施設を利用させることができる場合には，これらの者に対して行う割賦販売を含む）

　　イ　特別の法律に基づいて設立された組合並びにその連合会及び中央会

　　ロ　国家公務員法108条の2又は地方公務員法52条の団体

　　ハ　労働組合

⑤　事業者がその従業者に対して行う割賦販売

⑥　無尽業法1条に規定する無尽に該当する割賦販売

◆ 自社割賦の規制の問題点

　個別信用購入あっせんに対して，加盟店調査等の義務，訪問販売などの特定商取引法と連動するクーリング・オフ制度や取消制度の導入など，2008年（平成20年）改正がなされたことにより，悪質販売業者が個別信用購入あっせん業者（いわゆるクレジット会社）の加盟店になることが難しくなりました。その

後，高齢者を狙う悪質販売業者などが，高齢者の老後資金や年金を狙って自社割賦を利用するケースが出てきました。こうした被害事例では，消費者の支払能力を無視した高額な自社割賦契約を締結させ，生活困難な状態に追い込む事例も少なくありません。

　割賦販売法では，自社割賦に関しては，信用購入あっせんのような顧客の支払能力の調査義務や過剰与信を禁止する規定はなく，また，行政処分の制度もありません。

　訪問販売等による事例は，特定商取引法の規制が及ぶので，同法による行政処分などの対象になります。しかし，店舗取引の場合には過剰与信や不当な勧誘行為があっても規制が及ばない点が問題となっています。

Ⅳ
割賦販売法

QⅣ-7 　信用購入あっせん取引とは

信用購入あっせん取引とは，どのような取引を意味しますか。

 割賦販売法2条3項で定義している包括信用購入あっせんと，4項で定義している個別信用購入あっせんの2種類の取引があります。前者は，消費者の支払条件が2ヵ月を超える，いわゆるクレジットカードのこと，後者は支払条件が2ヵ月を超える個別クレジットのことです。

◆ 信用購入あっせん取引の定義規定

　割賦販売法2条では，適用対象取引についての定義を設けています。

　同条3項は，包括信用購入あっせん取引の定義です。信用購入あっせん業者（いわゆる「カード発行会社＝イシュア」）が，消費者と契約を締結した場合に，カードや暗証番号などを発行し，消費者は買い物をする場合にこれを提示することにより，カード会社が代金を販売業者に対して立て替えて支払い，消費者はカード会社に後払いするタイプのものです。ただし，翌月一括払いのものは対象にはなりません。2号は，リボルビング払いを意味します。

　2条4項は，個別信用購入あっせん取引の定義です。カードや暗証番号など
を発行しないタイプのクレジット取引のことで，消費者が商品などを購入する
たびごとに，販売店と加盟店契約を結んでいる信用購入あっせん業者（いわゆ
る個別クレジット会社）に立替払いの申込みをして契約を締結するタイプのも
のです。消費者の支払条件が翌月一括払いのものは対象にはなりません。

◆ 包括信用購入あっせん取引の適用除外（法35条の3の60第1項）

　上記の定義に該当するものであっても，下記の取引は包括信用購入あっせん
に対する規制の適用はありません。

---

① 　購入者にとって営業である場合（ただし，連鎖販売個人契約及び業務
　提供誘引販売個人契約に係るものを除く）

② 　本邦外に在る者に対して行う取引

③ 　国又は地方公共団体が行う取引

④ 　次の団体が直接又は間接の構成員に対して行う取引（団体が構成員以
　外の者にその事業又は施設を利用させることができる場合には，これら
　の者に対して行う取引を含む）

　イ　特別の法律に基づいて設立された組合並びにその連合会及び中央会

　ロ　国家公務員法108条の2又は地方公務員法52条の団体

　ハ　労働組合

⑤ 　事業者がその従業者に対して行う取引

⑥ 　不動産を販売する契約

◆ 個別信用購入あっせん取引の規定に関する適用除外（法35条の3の60第2項）

　個別信用購入あっせんの規制の適用がない取引は，前記の包括購入あっせん
取引の適用除外と同様です。

QⅣ-8　**信用購入あっせん取引の規制の概要**

信用購入あっせん取引に関する開業規制以外の規制の概要にはどのようなものがありますか。

A　信用購入あっせん取引に関する規制には，行政規制と民事ルールがあります。包括信用購入あっせん取引と個別信用購入あっせん取引との双方でよく似た規制は，支払能力の調査と過剰与信の禁止，民事ルールの支払停止の抗弁です。個別信用購入あっせんの場合には，このほか加盟店の調査義務，民事ルールとしてのクーリング・オフ制度，過量販売解除制度，取消制度などがあります。

◆ 二つある信用購入あっせん取引

　信用購入あっせん取引には包括信用購入あっせん取引と個別信用購入あっせん取引の２種類があります。それぞれ，取引を適正化するための行政規制と，消費者被害を救済するための民事ルールがありますが，二つの取引では，規制内容が違います。それぞれの取引の規制概要について紹介します。

◆ 包括信用購入あっせん取引の規制

(1)　行政規制

　a　包括信用購入あっせんの取引条件の表示（法30条）

　カードなどを発行する際の取引条件についての情報提供義務の規定です。

　この情報提供は磁気的方法（電子データ）でよいのですが，消費者から，書面によることを求められた場合には，遅滞なく書面を交付する義務があります。

　広告にも取引条件に関する情報提供義務があります。

　b　包括支払可能見込額の調査（法30条の２）

　クレジットカード等を発行する場合には，カード会社は，消費者の支払能力を調査し，支払可能見込額の限度のカードを発行する義務があります。

　調査方法は，株式会社シー・アイ・シー（CIC）の調査，消費者からの電話

などで収入や借金についての調査などです。

　　c　過剰与信の禁止（法30条の2の2）

　包括支払可能見込額を超える場合のカード等の交付等の禁止として，政令で定められた支払可能見込額を超えるカード等の発行を禁止する規定です。

　なお，登録少額包括信用購入あっせん業者と認定包括信用購入あっせん業者として認定されたカード会社は，ｂの支払能力の調査業務とｃの適用はなく，ビッグデータの解析により与信する仕組みをとります。

　　d　書面の交付等（法30条の2の3）

　消費者がカードなどを利用して商品などの購入をした場合の契約に関する情報提供，リボルビング払いのカード等の支払請求をする場合の情報提供義務です。この情報提供は磁気的方法（電子データ）でよいのですが，消費者から書面によることを求められた場合には，書面によることが必要です。

　ただし，カードの発行はしないで，パソコンやスマホのみで利用するタイプの取引の場合はすべて電子データによることとされ，消費者は書面の交付を要求することはできません。

　　e　加盟店に関する調査など業務の運営に関する措置（法30条の5・30条の5の2）

⑵　民事ルール

　　a　契約の解除等の制限（法30条）

　消費者が毎月の支払を怠った場合の契約解除や，残金の一括請求に関する規制です。書面により20日以上の催告期間を置いた催告をし，催告期間内に返済がない場合のみ，契約解除や残金の一括請求ができます。なお，登録少額包括信用購入あっせん業者と，包括信用購入あっせん業者のうちの認定包括信用購入あっせん業者の限定額が10万円以下のカードについては，催告期間は7日以上と短縮されています。

　　b　契約の解除等に伴う損害賠償等の額の制限（法30条の3）

　消費者が返済を怠った場合の遅延損害金に関する規制です。残額に対する法定利率が上限です。これを超える利率の特約は，超える部分が無効です。

　　c　包括信用購入あっせん業者に対する抗弁（法30条の4）

　いわゆる「支払停止の抗弁制度」に関する規定です。詳細は，後述のＱⅣ

−13を参照ください。

◆ 個別信用購入あっせんの規制

(1)　行政規制

行政規制についての条文を列挙すると以下のとおりです。

第35条の3の2　（個別信用購入あつせんの取引条件の表示）

第35条の3の3　（個別支払可能見込額の調査）

　　個別クレジットの締結の際には，消費者の支払能力を調査する義務があるとする規定です。CICの利用，消費者に電話等で確認などの方法によります。

第35条の3の4　（個別支払可能見込額を超える場合の個別信用購入あつせん関係受領契約の締結の禁止）

　　政令で定められた支払可能見込額を超える契約の締結を禁止する規制です。

第35条の3の5　（個別信用購入あつせん関係販売契約等の勧誘に係る調査）

　　個別信用購入あつせん契約を締結する際には，販売業者の勧誘などの状況について特定商取引法に定める違法な勧誘行為の有無および消費者契約法の取消事由に該当する不当な勧誘行為の有無について，消費者に確認する義務があります。加盟店である販売業者等に違反がある疑いがある場合には，加盟店も調査しなければなりません。

第35条の3の6　（調査の協力）

　　個別信用購入あつせん業者の加盟店は，35条の3の5の調査に協力する義務があるとする規定です。

第35条の3の7　（個別信用購入あつせん関係受領契約の申込みの承諾等の禁止）

　　調査の結果，特定商取引法や消費者契約法の規制に反する事実が判明した場合には，消費者とのその契約について承諾してはいけないとする規定です。つまり，違法な勧誘行為がある場合には，契約の締結が禁止

されています。

第35条の3の8（個別信用購入あつせん関係販売業者等による書面の交付）

　「個別信用購入あつせん関係販売業者等」とは，販売業者や役務提供業者のことです。販売業者等には，申込書面と契約書面の交付義務があります。この書面は，消費者の同意がある場合には，電子データによることができる制度になっています。

第35条の3の9（個別信用購入あつせん業者による書面の交付）

　「個別信用購入あつせん業者」とは，個別クレジット業者のことです。

　この書面は，消費者の同意がある場合には，電子データによることができる制度になっています。

(2)　**民事ルール**

民事について規定する条文を列挙すると以下のとおりです。

第35条の3の10（個別信用購入あつせん関係受領契約の申込みの撤回等）
第35条の3の11（同上）

　　以上は，特定商取引法と連動するクーリング・オフ制度に関する規定です。販売業者等との契約をクーリング・オフできるときは，あわせて，個別クレジット会社との契約もクーリング・オフできるとするものです。

第35条の3の12（通常必要とされる分量を著しく超える商品の販売契約等に係る個別信用購入あつせん関係受領契約の申込みの撤回等）

　　販売契約が特定商取引法で規制する訪問販売と電話勧誘販売の場合に過量販売解除ができる場合には，個別クレジット会社との契約も同時に取り消すことができる旨を定めた規定です。

第35条の3の13（個別信用購入あつせん関係受領契約の申込み又はその承諾の意思表示の取消し）

第35条の3の14（同上）

第35条の3の15（同上）

第35条の3の16（同上）

　　以上の規定は，販売契約等が特定商取引法で規制されている取引で，
販売業者等や個別クレジット会社の勧誘の際に取消事由があった場合に
は販売契約だけでなく，個別クレジツト会社との契約も取り消すことが
できるとする規定です。

第35条の3の17（契約の解除等の制限）

　　消費者が支払を怠った場合の契約解除や一括請求に関する規制です。
書面により20日以上の催告期間を設けた催告が必要です。

第35条の3の18（契約の解除等に伴う損害賠償等の額の制限）

　　消費者が支払を怠った場合の遅延損害金に関する規制です。残債務に
対する法定利率（2021年現在は年利3％）が遅延損害金の上限です。
これを超える遅延損害金特約は，超える部分が無効です。

第35条の3の19（個別信用購入あっせん業者に対する抗弁）

　　いわゆる「支払停止の抗弁制度」の規定です。

Ⅳ
割賦販売法

(**QⅣ-9**)　# 個別信用購入あっせん取引の定義

個別信用購入あっせん取引とは，いわゆる個別クレジッ
トのことだということですが，どのように定義されてい
ますか。

A　割賦販売法2条4項で定義されています。契約の定めによるのではな
　く，取引の流れによって定義されている点が特徴です。下記の要件を
　すべて満たす取引です。

◆ **該当条文**

　割賦販売法では，2条4項で，個別信用購入あっせん取引について定義して
います。

　この定義規定は，契約当事者間での契約内容の取決め（つまり，契約条項で
どのような内容の定めをしているか，ということ）によって契約の種類が決ま

る民法による契約の解釈と違って，取引の仕組みや金銭の流れがどのように
なっているか，という取引実態を踏まえた定義になっているという特徴があり
ます。定義規定の要件を満たすかどうかを判断するうえでは，契約書の内容だ
けによるのではなく，取引の仕組みや流れ（誰に勧誘されたか，申込書などは
誰からもらい，誰に書き方を説明され，誰に渡したのか，控えは誰からどのよ
うに交付されたのか，など），金銭の流れなどを把握することが重要です。

◆ 適用要件

次のすべての要件を満たす取引を指します。

(1) カード等を利用することなく

　（カード等を利用する場合は，包括信用購入あっせんに分類されます）

(2) 特定の販売業者が行う

　（個別クレジット会社に販売業者がどこかがわかっているという意味で
す。一般には，加盟店契約があることが普通です）

(3) 購入者（契約者である消費者）への商品もしくは指定権利の販売または
特定の役務提供事業者が行う役務の提供を受ける者への役務の提供を条件
として

　（権利の場合は，政令指定権利に限定されている点に注意が必要です。
特定商取引法の場合には，2016年改正で指定権利から特定権利に拡張され
ましたが，割賦販売法は，指定権利のままとなっています）

(4) 契約内容の商品もしくは指定権利の代金または役務の対価の全部または
一部に相当する金額の販売業者等への交付（販売業者等以外の者を通じた
販売業者等への交付を含む）をするとともに

　（カッコ書の意味は，いったん消費者を通して支払う場合や，代行業者
等の第三者を経由して支払う場合も規制対象なるということ意味していま
す。この部分は，脱法を認めない趣旨の規定です）

(5) 契約者である消費者からあらかじめ定められた時期までに当該金額を受
領すること。

(6) ただし，契約相手である消費者がその契約を締結し時から2ヵ月を超え
ない範囲内においてあらかじめ定められた時期までに受領することを除く。

つまり，いわゆる翌月一括払いの場合は適用対象ではないということを意味しています。

 QⅣ-10

個別信用購入あっせん取引の クーリング・オフ制度

販売契約等をクーリング・オフした場合に，個別クレジット契約もクーリング・オフできますか。また，そのメリットはどのようなものでしょうか。

A 販売契約等が，特定商取引法によりクーリング・オフができる場合には，あわせて個別クレジット会社との契約もクーリング・オフをすることができます。個別クレジット契約もクーリング・オフすると，個別クレジット会社に対して支払った金銭は，個別クレジット会社から返還してもらうことができます。

Ⅳ　割賦販売法

◆ 特定商取引法との連動規定

割賦販売法35条の3の10では，「個別信用購入あつせん関係受領契約の申込みの撤回等」として，特定商取引法で訪問販売と電話勧誘販売について，35条の3の11では特定商取引法で規制する連鎖販売取引・特定継続的役務提供取引，業務提供誘引販売取引の3種類について，これらの取引をクーリング・オフする際には，個別クレジット会社との契約も併せてクーリング・オフをすることができると定めています。

◆ 制度のメリット

販売契約をクーリング・オフすると，契約は最初にさかのぼって解除されます。その結果，消費者は，販売業者に対する契約に基づく支払義務はなくなります。割賦販売法では，信用購入あっせん契約には支払停止の抗弁制度を設けているので（QⅣ-13参照），消費者は，販売業者に対して支払をしなくても

よい権利を根拠に，個別クレジット会社に対しても支払を拒絶できます。

　事業者が法律を遵守している場合には，クーリング・オフ期間は，訪問販売を例にとると，契約をして契約書面を受け取ってから8日以内ですから，個別クレジット会社への支払が開始する前ということになります。したがって，支払停止の抗弁制度によって十分に消費者の権利は守られます。

　しかし，販売業者等が法令を遵守せず，適正な契約書面等を交付していない場合には，契約締結から期間が経過していてもクーリング・オフは可能です。たとえば，契約締結から1年以上経過してから消費者が販売契約をクーリング・オフをした場合には，消費者が支払った金銭は，販売業者が返還義務を負います。しかし，販売業者が倒産するなど返済能力がないと，クーリング・オフをしても消費者は支払済みの金銭を返還してもらうことができません。

　一方，個別クレジット会社との契約もクーリング・オフすると，消費者が個別クレジット会社に支払った金銭は，個別クレジット会社が返済義務を負うことになります。個別クレジット会社は，割賦販売法による登録が必要で，登録要件として5000万円以上の純資産が必要とされています。つまり，個別クレジット会社に支払った金銭は，確実に返還されることが期待できるというメリットがあるわけです。

◆ クーリング・オフをする場合のポイント

　個別クレジット会社との契約をクーリング・オフする場合には，個別クレジット会社に対する通知が必要です。個別クレジット会社に対してクーリング・オフの通知をすると，その通知を発信した時に，その時点で有効に成立している契約を解除する効果が発生します。

　つまり，販売業者に対して販売契約のクーリング・オフ通知を出すのと同時に個別クレジット会社にもクーリング・オフの通知を出す必要がある点がポイントです。双方に対するクーリング・オフの通知はがきを書き，2通一緒に郵便局から書留郵便等で出す手続きが必要ということです。

◆ クーリング・オフ通知に関する特別規定

　ただし，クーリング・オフの通知については，個別クレジット会社にのみ出

せばよいとする規定が定められています。つまり，販売業者に対する通知は省略できることとされている点が，大きな特徴です。訪問販売などでは，契約後に販売業者が所在不明になってしまうケースもあります。このような場合でも，個別クレジット会社にだけクーリング・オフの通知を出せばよいということです。

　クーリング・オフの通知を受け取った個別クレジット会社は，すみやかに加盟店である販売業者にその旨を通知し，立替払いが為された後であれば，立替払金を販売業者から返還するよう求めることになります。割賦販売法では，業者間の内部清算についても明確な規定を設けている点が大きな特徴です。

QⅣ-11　個別信用購入あっせん取引の過量販売解除制度

販売契約を過量販売により解除した場合，個別クレジット会社から支払済みの金銭を返還してもらうことはできますか。

 A　販売契約が特定商取引法に定める訪問販売と電話勧誘販売に該当する場合には，個別クレジット会社との契約も，販売契約と同時に過量販売解除することによって，個別クレジット会社に対して支払った金銭については，個別クレジット会社から返還してもらうことができます。

◆ 割賦販売法による過量販売解除の規定

　割賦販売法では，35条の3の12（通常必要とされる分量を著しく超える商品の販売契約等に係る個別信用購入あつせん関係受領契約の申込みの撤回等）により，特定商取引法で規定する訪問販売・電話勧誘販売の場合で，販売等契約を過量販売を理由に解除することができる場合には，個別クレジット契約もあわせて解除することができる旨が定められています。

◆ 解除通知のポイント

　販売等契約の解除は，販売業者等に通知する必要があり，個別クレジット会社との契約の解除は，個別クレジット会社に通知する必要があります。この通知は，同時に行う必要があります。販売業者等にだけ解除通知を出すと，販売契約等は解除され最初にさかのぼって解消されることになります。その結果，その販売契約の支払のために締結した個別クレジット会社との契約を解除することができなくなってしまいます。そうすると，個別クレジット会社に対しては，支払停止の抗弁しか対抗できなくなり，支払済みの金銭の返還を求めることができなくなります。消費者にとっては不利になる可能性があるので注意する必要があります。

　契約を解除することにより，消費者は，支払った金銭を，支払った相手方に対して返還するよう請求できます。個別クレジット契約も解除すれば，個別クレジット会社に支払った金銭は，個別クレジット会社から返金してもらうことができます。販売契約に基づいて受け取った商品がある場合には，販売業者に商品を返還する義務がありますが，この場合の返還費用は，クーリング・オフの場合と同様に販売業者の負担です。これは，特定商取引法による過量販売解除の場合の清算方法は，クーリング・オフの場合の清算規定が準用されるためです。

Ｑ Ⅳ － 12　個別信用購入あっせん契約の取消制度

販売契約に取消事由があって取り消した場合，個別クレジット会社から返金してもらうことはできますか。

 A

特定商取引法による規制対象取引の訪問販売，電話勧誘販売，連鎖販売取引，特定継続的役務提供取引，業務提供誘引販売取引の５種類の取引で，販売業者等あるいは個別クレジット会社が勧誘の際に不実の告知をするなどして消費者が誤認して契約した場合は，可能です。

◆ 割賦販売法による取消制度の規定

　割賦販売法では，35条の３の13で訪問販売と電話勧誘販売，35条の３の14で連鎖販売取引，35条の３の15で特定継続的役務提供取引，35条の３の16で業務提供誘引販売取引について，特定商取引法による取消しができる場合には，個別クレジット会社との契約についても，販売契約等と合わせて取り消すことができる制度を定めています。

◆ 取り消す場合のポイント

　販売契約等の取消しは，販売業者等に通知をする必要があります。個別クレジット会社との契約を取り消すためには，個別クレジット会社に対して取消通知を出す必要があります。この二つの通知は，同時に出す必要があります。販売業者等だけに取消通知を出すと，その販売契約等の支払のための個別クレジット会社との契約を，後日取り消すことができなくなってしまうので，注意が必要です。（ただし，その場合でも，販売契約の取消しを理由に，個別クレジット会社に対する支払を拒否することはできます。この点については，後述（Ｑ Ⅳ － 13）の「支払停止の抗弁制度」を参照ください。

　双方に取消通知が届いた時点で，双方の契約ともに，契約は無効になります。消費者は，それまでに自分が支払った金銭を返還するよう，支払った相手方に請求することができます。契約に基づいて受け取った商品がある場合には，販

売業者に対して返還する義務があります。この場合の返還費用は，消費者の負
担です。

Q Ⅳ-13　支払停止の抗弁制度

支払停止の抗弁制度とはどのようなものですか。

 信用購入あっせん取引で，販売業者等に対する支払を拒絶することが
できる法律的な根拠を理由に，信用購入あっせん業者に対する支払を
拒絶することができる制度のことです。抗弁権の接続などと言われる
こともあります。

◆ 問題の所在

　個別クレジットやクレジットカードを利用して商品などを購入したり有償の
サービスを利用した時，販売業者やサービス提供業者との間でトラブルが起こ
る場合があります。たとえば，販売業者等が勧誘の際に嘘をついて消費者を誤
認させて契約させたとか，困惑させて契約を押し付けた場合，あるいは契約で
約束した債務を履行しないなどが典型的なものです。

　販売契約の勧誘にあたり，販売業者が嘘をついたり消費者を困惑させて契約
を締結させた場合には，消費者は，その販売契約を消費者契約法に基づいて取
り消すことができる場合があります。販売契約を取り消すと契約は最初にさか
のぼって無効になりますから，消費者は，契約に基づいて支払う義務はなくな
ります。

　販売業者が契約を履行しない場合には，民法上の債務不履行に該当し，消費
者は前払いの特約がない限りは，販売業者に対して契約に基づいた履行の請求
ができ，販売業者からの契約に従った履行が為されるまでは支払を拒絶する権
利があります（同時履行の抗弁権）。さらに，消費者からの履行請求にもかか
わらず，販売業者が履行をしない場合には，消費者は債務不履行を理由に契約
を解除することができます。この場合も，消費者の販売契約による代金の支払

義務はなくなります。

　では，販売契約の際に，支払方法として個別クレジット契約やクレジットカードを利用した場合には，どうでしょうか。この場合に，消費者が支払をしなければならないのは，販売業者ではなく，個別クレジット会社やカード会社です。ここで問題となるのは，販売契約に関して販売業者が契約の取消事由に該当したり債務不履行に該当する行為をした場合に，それを理由に，販売業者ではない個別クレジット会社やカード会社に対する支払も拒否することができるのか，いう問題です。消費者とすれば，販売業者に対する支払であろうと，個別クレジット業者やカード会社に対する支払であろうと，購入した代金の支払と同じような認識をしているのが普通ですから，当然に，支払を拒絶したいと考えるでしょう。

　しかし，民法は，基本的に2当事者間契約に関するルールを定めたものです。販売契約と個別クレジット契約やクレジットカード会社との契約では，契約相手も契約内容も違います。民法による契約の基本的なルールでは，販売会社に対する法律上の支払を拒絶できる権利があったとしても，販売契約とは別個の契約相手とした別個の契約については，販売業者に対する法的権利を理由に支払を拒絶することはできない，とするのが，現在の考え方となっています。この問題は，民法学者の間でも研究のテーマになっていますが，多数説・通説では，こうした考え方を取っているわけです。

　このような民法に基づく考え方は，消費者にとって合理的でしょうか。

　民法学者は，個別クレジット業者やカード会社にはきちんと支払い，支払った分については，販売業者から返還してもらえばよい，と説明します。これで理屈は通るというわけです。しかし，消費生活で，このような扱いは，必ずしも合理的とは言えません。一方で，クレジットのシステムでは，販売業者は，個別クレジット業者やカード会社の加盟店となり，商品等を販売する場合に継続的に利用可能となっています。

　こうしたことから，信用購入あっせんの場合に限って，割賦販売法では，支払停止の抗弁制度を導入しています。ただし，割賦販売価格が4万円以下の契約（リボルビングカードの場合には，現金販売価格が3万8000円以下の契約）の場合には，支払停止の抗弁制度はありません。

◆ 割賦販売法の規定

　割賦販売法では，30条の4において，「包括信用購入あつせん業者に対する抗弁」についての規定，35条の3の19において「個別信用購入あつせん業者に対する抗弁」の規定をそれぞれ設けています。

　制度の内容は，「問題の所在」の部分で説明したように，販売契約等について販売業者等に対する支払を拒絶することができる法的権利がある場合には，消費者は，販売業者に対する法的権利を根拠に，信用購入あっせん業者（個別クレジット業者やカード会社）に対して支払を拒絶することができる，とする制度です。

　この場合には，消費者は，販売業者に対して契約を取り消したり解除したり，あるいは債務不履行に基づく催告をしたりすると同時に，信用購入あっせん業者（個別クレジット業者やカード会社）に対して，支払を拒絶することと，その理由について通知する必要があります。黙って支払を止めると，単なる延滞としてCICに延滞情報が登録されることになり，不利益を被ります。また，支払を怠ったとして遅延損害金も請求されることになってしまいます。

　抗弁事由が債務不履行の場合には，販売業者等が債務を履行した場合には，支払を再開することになります。この場合には，それまで支払わなかったことに対する遅延損害金はつきません。

 支払停止の抗弁事由の種類

　　支払停止の抗弁事由にはどんなものがありますか。

Ａ　　支払停止の抗弁事由とは，販売業者等への支払を拒絶できる法的根拠を意味します。販売業者との契約に関する民法上，消費者契約法上，特定商取引法上の様々な法的権利がありえます。

◆ はじめに

　割賦販売法の支払停止の抗弁制度とは，販売業者等への支払を拒否すること

ができる法的権利を理由に，信用購入あっせん業者（個別クレジット業者や翌月一括払いを除くクレジットカードのカード発行会社=いわゆるイシュア）に対しても，支払を拒否することができるという制度を意味します。

　消費者が，自分の契約相手である販売業者等への支払を拒絶できる場合には，消費者が日常的に行う契約にかかわる法律によるものとしては，民法によるもの，消費者契約法によるもの，特定商取引法によるものがあります。以下に法律ごとに簡単に整理しておきましょう。

◆ 民　法

　まず，販売業者との契約が不成立・不存在という場合があります。

　つぎに，販売契約を解除した場合があります。契約を解除することができる場合には，法定解除と約定解除があります。約定解除とは，契約締結後も消費者が契約を解除することができる旨の特約がある場合に，その特約に基づいて解除する場合を指します。

　民法上の法定解除は，契約相手の債務者に債務不履行があり，契約の内容に従った履行をするように求めて履行されない場合に行うことができる，債務不履行解除です。

　民法上の取消事由がある場合に，販売契約を取り消した場合も抗弁事由になります。民法上の取消事由としては，制限行為能力者が法定代理人等の同意権者の同意を得ないで契約した場合，詐欺・強迫・錯誤により契約した場合です。

　販売業者等との契約で，販売業者等が契約の内容に従った債務の履行をしない場合には，消費者は，販売業者等に対して「契約の内容に従った債務の履行をするように」請求することができ，販売業者等から契約に従った履行がされるまでは支払を拒否することができる同時履行の抗弁権を持っています（ただし，前払いの特約がある場合には，同時履行の抗弁権はありません）。この場合も，消費者は，信用購入あっせん業者に対する支払を拒否できます。ただし，販売業者等が契約内容に従った履行をした場合には，支払を再開する必要があります。この場合，支払をしなかった期間は遅延損害金はつきません。

　もし，消費者が販売業者に対して催告したにもかかわらず，販売業者等が契約内容に従った履行をしない場合には，消費者は原則として販売契約等を債務

不履行解除できます。この場合には，販売契約の債務不履行解除を抗弁事由として，信用購入あっせん業者に対して支払を拒否できます。つまり，債務不履行の場合の抗弁事由は，基本的に二段階になっているということになります。

◆ 消費者契約法

　消費者契約法には，契約の勧誘に際して，事業者が契約相手である消費者に対して行った不適切な行為を理由に契約を取り消すことができる制度があります。事業者の行為により，消費者が誤認したり，困惑して契約した場合，過量販売に該当する場合に，消費者が販売契約等を取り消した場合には，支払停止の抗弁事由になります（消費者契約法4条）。

◆ 特定商取引法

　特定商取引法では，取引類型ごとに契約を解消できる制度があります。これらによって販売契約等を解消した場合には，いずれも抗弁事由になります。

- **訪問販売・電話勧誘販売**
  　クーリング・オフ制度，過量販売解除制度，取消制度
- **通信販売**
  　返品制度（ただし，広告表示で返品できない場合は対象にはならないので，注意が必要）
- **特定継続的役務提供取引**
  　クーリング・オフ制度，取消制度，中途解約制度
- **連鎖販売取引**
  　クーリング・オフ制度，取消制度，中途解約に伴う返品制度
- **業務提供誘引販売取引**
  　クーリング・オフ制度，取消制度

Q IV-15　指定信用情報機関とは

指定信用情報機関とは何ですか。

 具体的には，株式会社シー・アイ・シーです。信用購入あっせん業者は過剰与信を防止するために，指定信用情報機関を利用する義務があります。

◆ 支払能力の調査と信用情報機関

　割賦販売法は，信用購入あっせん取引において，消費者の支払能力を調査することを義務付け，支払能力を超える過剰与信を禁止しています。支払能力の調査義務の一つとして，信用購入あっせん業者は，信用情報機関に加盟し，消費者の契約内容や返済状況を登録することや，新規の契約の際には信用情報機関に延滞情報や残債務金額等について問い合わせることを義務付けています。

　そして，信用情報機関として，指定信用情報機関の制度を設けています。指定情報機関は，次の機関です。

　株式会社シー・アイ・シー（略称：CIC）（Credit Information Center CORP.）

　本社　　〒160-8375 東京都新宿区西新宿一丁目23－7

　　　　　　　　　　新宿ファーストウエスト15階

◆ 沿　革

　株式会社シー・アイ・シー（CIC）は，クレジット会社の共同出資により，1984年（昭和59年）に設立された機関です。主にクレジット事業を営む企業を会員とする信用情報機関として業務を行っています。CICは，2010年（平成22年）7月20日に，割賦販売法に基づく指定信用情報機関として，経済産業大臣より指定をされました。

　消費者のクレジットに関する信用情報（個人の属性・契約内容・支払状況・残債額など）を加盟会員であるクレジット会社などから収集し，会員のクレ

IV
割賦販売法

ジット会社からの照会に応じて情報を提供する業務を行っています。

　機関の加盟店は，加盟資格を満たし，かつ厳格な加盟審査を経て入会した加盟会員で，信販会社・百貨店・専門店会・流通系クレジット会社・銀行系クレジット会社・家電メーカー系クレジット会社・自動車メーカー系クレジット会社・リース会社・保険会社・保証会社・銀行・消費者金融会社・携帯電話会社などです。

◆ 規制について

　指定信用情報機関の規制については，割賦販売法35条の３の36以下に定められています。規制の概要は次のとおりです。

　第35条の３の38（指定信用情報機関の役員の兼職の制限）

　第35条の３の39（秘密保持義務）

　第35条の３の40（指定信用情報機関の業務）

　第35条の３の41（兼業の制限）

　第35条の３の42（特定信用情報提供等業務の一部の委託）

　第35条の３の43（業務規程の認可）

　第35条の３の44（差別的取扱いの禁止）

　第35条の３の45（記録の保存）

　第35条の３の46（加入包括信用購入あつせん業者及び加入個別信用購入あつせん業者に対する監督）

　第35条の３の47（指定信用情報機関の情報提供）

　第35条の３の48（加入包括信用購入あつせん業者及び加入個別信用購入あつせん業者の名簿の縦覧）

QⅣ-16　クレジットカード番号等の適切な管理等に関する規制

クレジットカード番号等の漏えいなどを防止するためなどの規制はありますか。その概要はどのようなものですか。

 A　クレジットカード番号が漏えいしたりしないように適切な管理をする規制は，割賦販売法で定められています。

◆ 個人情報とカード番号

　個人情報の保護については個人情報保護法で規制されています。ところが，クレジットカード番号は，個人識別情報ではなく個人情報保護法の個人情報に該当しないことから，個人情報保護法の規制対象ではありません。

　しかし，クレジットカード番号の漏えいによる不正使用の問題など，カード番号の適正な管理は重要です。そこで，クレジットカード番号に関する適正管理については割賦販売法の第3章の4において，規制しています。

◆ 規制の概要

　クレジットカード番号の適切な管理については，次のように定めています。

第3章の4　クレジットカード番号等の適切な管理等
第1節　クレジットカード番号等の適切な管理
　第35条の16（クレジットカード番号等の適切な管理）
　第35条の17（改善命令）
第2節　クレジットカード番号等取扱契約
　第35条の17の2（クレジットカード番号等取扱契約締結事業者の登録）
　第35条の17の7（登録簿の閲覧）
　第35条の17の8（クレジットカード番号等取扱契約締結事業者の調査等）

Ⅳ
割賦販売法

> 第35条の17の9（業務の運営に関する措置）
> 第35条の17の10～17の13（改善命令，登録の取消し，削除，処分の公示）
> 第35条の17の14（廃止の届出）
> 第35条の17の15（クレジットカード番号等の不正な利用の防止）

◆ クレジットカード番号等の適切な管理（法35条の16）

　下記の業者（クレジットカード番号等取扱業者）は，経済産業省令で定める基準に従い，その取り扱うクレジットカード番号等の漏えい，滅失又は毀損の防止その他のクレジットカード番号等の適切な管理のために必要な措置を講じなければならないとされています。不正に漏えいした場合等は，刑事罰の対象になります。

> ① 　クレジットカード等購入あつせん業者=いわゆるイシュア
> ② 　「立替払取次業者」=いわゆるアクワイアラも含む
> ③ 　クレジットカードの加盟店
> ④ 　QRコード決済業者及びその受託業者
> ⑤ 　いわゆる決済代行業者

◆ クレジットカード番号等取扱契約締結事業者の登録（法35条の17の2）

　すべてのクレジットカード取引において，カード番号の取扱いをする次の業者（翌月一括払いのクレジットカード=割賦販売法でいう「二月払いカード」を含む）は，経済産業省に備えるクレジットカード番号等取扱契約締結事業者登録簿に登録を受けなければならないとされています。

(1) 登録制度

　登録の対象となるのは，次の業者です。

> ① 　クレジットカード等購入あっせんに係る販売または提供の方法により商品もしくは権利を販売し，または役務を提供しようとする販売業者または

役務提供事業者に対して，自ら利用者に付与するクレジットカード番号等を取り扱うことを認める契約を当該販売業者または当該役務提供事業者との間で締結することを業とするクレジットカード等購入あっせん業者（＝加盟店契約と加盟店管理を行うカード発行会社で，いわゆるイシュアを指します）

②　特定のクレジットカード等購入あっせん業者のために，クレジットカード等購入あっせんに係る販売または提供の方法により商品もしくは権利を販売し，または役務を提供しようとする販売業者または役務提供事業者に対して，当該クレジットカード等購入あっせん業者が利用者に付与するクレジットカード番号等を取り扱うことを認める契約を当該販売業者または当該役務提供事業者との間で締結することを業とする者（＝加盟店契約を結ぶカード会社＝いわゆるアクワイアラ，及び決済代行業者のうち，いわゆる包括加盟店としての業務を行うものを指します）

いずれも，登録を得るためには日本国内に事務所を設けた法人であることが必要です。

(2)　登録業者の調査義務等

　また，クレジットカード番号等取扱契約締結事業者は，①加盟店契約の際，②加盟店契約締結後も定期的に，さらに③カード番号等の管理が適切に行われていない可能性がある場合にはその都度，クレジットカード番号等の適切な管理および利用者によるクレジットカード番号等の不正な利用の防止を図るため，加盟店によるクレジットカード番号等の適切な管理または利用者によるクレジットカード番号等の不正な利用の防止に支障を及ぼすおそれの有無に関する事項について調査をする義務があります（法35条の17の8）。適切な管理が行われていない場合には，加盟店契約を締結してはならず，すでに契約を締結している加盟店については改善されない場合には契約を解除する必要があります。

Ⅳ　割賦販売法

QⅣ-17 認定割賦販売協会について

割賦販売法には，認定割賦販売協会についての定めがありますが，これは具体的にはどこで，どんなことをしているのですか。

 A　一般社団法人日本クレジット協会が認定団体になります。業務については，割賦販売法35条の18に定めがあります。

◆ 認定割賦販売協会

　割賦販売法は，認定割賦販売協会の制度を定めています。同法により経済産業省により認定された社団法人制度で，現在，一般社団法人日本クレジット協会（Japan Consumer Credit Association）が認定割賦販売協会として認定されています。

◆ 日本クレジット協会の沿革等

　日本クレジット協会のホームページでは，下記のように紹介されています。

　「一般社団法人日本クレジット協会（Japan Consumer Credit Association）は，昭和33年設立の全国信販協会，昭和42年設立の日本クレジット産業協会及び平成17年設立のクレジット個人情報保護推進協議会を母体に，平成21年に三団体が大同団結して設立したクレジット業界の総合団体です。

　当協会は，設立後直ちに（平成21年7月1日）個人情報保護法に基づく「認定個人情報保護団体」の認定を受けるとともに，改正割賦販売法が施行された平成21年12月1日に同日付で割賦販売法に基づく「認定割賦販売協会」の認定を受けております。

　認定割賦販売協会及び認定個人情報保護団体の法的機能と，クレジットの業界団体としての団体機能とを併せ持つ，業界唯一の団体として活動を行っております。」（https://www.j-credit.or.jp/association/outline.html）

◆ 認定割賦販売協会の業務について（法35条の8）

割賦販売法35条の18第2項では，認定割賦販売協会の業務として，下記を定めています。具体的な取組内容については，協会のホームページをご覧ください。

〔**割賦販売法**〕

（認定割賦販売協会の認定及び業務）

第35条の18

2　（略）

一　割賦販売等に係る取引の公正の確保及びクレジットカード番号等の適切な管理等を図るために必要な規則の制定

二　会員のこの法律の規定若しくはこの法律に基づく命令若しくはこれらに基づく処分又は前号の規則の遵守の状況の調査

三　会員にこの法律の規定若しくはこの法律に基づく命令又は第1号の規則を遵守させるための会員に対する指導又は勧告その他の業務

四　利用者等の利益を保護するために必要な情報の収集，整理及び提供

五　会員の行う業務に関する利用者等からの苦情の処理

六　利用者等に対する広報その他認定割賦販売協会の目的を達成するため必要な業務

七　前各号に掲げるもののほか，クレジットカード番号等の適切な管理等に資する業務

Ⅳ
割賦販売法

自社割賦の現状と課題

高齢者などの高額商品の次々販売などでは，自社割賦が利用されているようですが，問題はありませんか。

A 自社割賦は，割賦販売として割賦販売法で規制されています。しかし，信用購入あっせん取引のような，消費者の支払能力や過剰与信に関する規制がなく，高齢者の次々販売などに悪用されている点が問題です。

◆ 自社割賦をめぐる問題状況

　高齢社会を迎えて高齢者の消費者被害が増加しています。高齢者の消費者被害には，大きく分けると，(1)詐欺的な金融商品に関するもの，(2)振り込め詐欺などの特殊詐欺に関するもの，(3)悪質商法で商品やサービスなどを契約させるもの，等があります。(3)のタイプでは，訪問販売や電話勧誘販売などの特定商取引法で規制している取引が多いという傾向がありますが，次々販売などでは店舗取引も少なくありません。そして，これらの取引では，自社割賦が利用されることが多い点が，最近の特徴です。

　2008年の特定商取引法と割賦販売法の改正により，個別信用購入あっせん取引についての規制が厳しくなりました。クレジット会社には加盟店の調査義務が課され，訪問販売・電話勧誘販売などの特定商取引法で規制されている取引には，クレジット会社との立替払契約にもクーリング・オフ制度・取消制度・過量販売解除制度が導入されました。さらに，支払能力の調査義務が明確化され，過剰与信は禁止されました。そのため，高齢者等を狙う悪質業者は，クレジット会社と加盟店契約を締結することができなくなりました。その結果，個別信用購入あっせん契約を利用することができなくなった事業者が，自社割賦を利用するようになったという事情があります。

◆ 割賦販売法の問題点

　割賦販売法による自社割賦の規制の概要をご覧いただくと，自社割賦の規制は，不徹底な部分が少なくないことがわかります。以下に簡単に整理しておき

ます。

① 支払能力の調査義務がない。

　割賦販売業者には，消費者の支払能力を調査する義務は定められていません。

② 過剰与信の禁止規定がない。

　その結果，年金生活の高齢者に，年金で分割払いをする形で生活に不必要な商品やサービスなどを購入させる被害が生じています。事業者は，「年金という生涯収入があるのだから，それで支払ってもらうことは当然だ」と主張するケースもあるようです。

　しかし，年金は高齢者にとって大切な生活資金です。生活できなくなって困窮するケースが少なくないことは，大変大きな問題です。

③ 行政処分の仕組みがない。

　割賦販売法では，自社割賦については，書面交付義務違反や取引条件の表示義務違反に対しては50万円以下の罰金の定めを設けています。しかし，行政処分などの規制はありません。

　悪質業者を改善させる仕組みとしては不十分と言わざるを得ません。

　訪問販売や電話勧誘販売の場合には，特定商取引法による規制が及びますが，店舗取引業者が行う自社割賦については，実態としては野放しです。

　以上のような実情からすると，自社割賦についても，被害を抑止するための規制の検討が今後の課題だと思われます。

Ⅳ
割賦販売法

QⅣ-19　決済手段の多様化に伴う課題・関連法の紹介

消費者が事業者に対価を支払うときの支払方法には，クレジットのほかに，電子マネー，デビットカード，振込み，収納代行，○○ペイなどのQRコード決済など，多様化しています。この場合にも，割賦販売法の信用購入あっせんと同様に支払停止の抗弁制度や加盟店管理の責任が認められていますか。

割賦販売法の信用購入あっせんの規制範囲は，あくまでも包括信用購入あっせん取引と個別信用購入あっせん取引です。それ以外の決済手段の場合には，規制法が異なります。決済内容ごとに規制法が何かを確認する必要があります。

◆ 決済手段の多様化

　消費者が契約に基づいて，契約相手である事業者に対して支払をする場合の支払方法，いわゆる決済手段が多様化しています。

　現金払い，振込み，クレジットカードなどのクレジットのほかにも，様々な支払手段が利用されています。ネット取引では，ネットで決済する方法が多くみられますが，取引後に振込み，コンビニ払い，電子マネーで支払う，商品の受取りと代金引換えにするなどの方法もあります。近年では，政府が政策としてキャッシュレス化を推進しており，スマホによるキャリア決済やQRコード決済なども利用されるようになっています。日本では，現時点ではあまり普及していませんが，デビットカードや暗号資産（いわゆる仮想通貨）による支払方法もあります。これもキャッシュレスの一つです。

◆ 決済手段による規制法のいろいろ

　決済手段によって規制する法律が違います。現時点での規制の枠組みをおおまかに整理すると次のようになります。いわゆるキャッシュレスの場合は，以

下のどれに当たるかによって規制法が異なるので注意が必要です。

(1)　後払方式

　いわゆるクレジットです。2ヵ月を超える支払条件のいわゆるクレジットカードによる取引には，割賦販売法による包括信用購入あっせんの規制が及びます。

　翌月一括払いのクレジットカードについては，割賦販売法でカード番号の適正な管理に関する規制があります。

(2)　前払方式

　いわゆる電子マネーです。資金決済法による規制があります。ただし，第三者発行型の電子マネーでも，電子マネー発行業者に対しては，割賦販売法による個別信用購入あっせんにおける加盟店調査義務などはなく，また，支払停止の抗弁制度もありません。

(3)　デビットカード

　買物をした時点で，銀行口座から代金が支払われる仕組みです。即時払いカードなどといわれることもあります。銀行法により，銀行のみが取り扱うことができ，加盟店調査義務などの法的規制はありません。

(4)　振込み・資金移動

　100万円を超える振込みは，銀行法により，銀行のみができます。100万円以下の振込みは，資金決済法による資金移動業者（登録が必要）でも行うことができます。

(5)　暗号資産（仮想通貨）

　資金決済法による規制があります。加盟店調査義務や支払停止の抗弁制度のような規制はありません。

(6)　収納代行

　コンビニ払いは，収納代行の典型的なものです。代金引換郵便や宅配なども，収納代行です。

　収納代行とは，事業者に委託されて，事業者に代わって代金の受取りを代行するものです。収納代行業者に支払った段階で，契約相手の事業者に支払ったことになるという仕組みです。

　最近では，詐欺的業者が収納代行を悪用するケースもあって，問題になって

いますが，規制する法律はありません。今後の課題とされているもので，問題
は深刻です。

索　引

(注) 消契法（消費者契約法），特商法（特定商取引法），割販法（割賦販売法）

さ行

《著者紹介》

村　千鶴子（むら　ちづこ）

東京経済大学現代法学部教授，弁護士
日本弁護士連合会消費者問題対策委員会委員
一般財団法人日本消費者協会理事長
東京都消費者被害救済委員会会長
国民生活センター客員講師
国民生活センター消費者判例評価検討委員会委員
等を務める。

消費生活相談員のための
消費者3法の基礎知識（第2版）
──消費者契約法・特定商取引法・割賦販売法

2021年12月25日　第1版第1刷発行
2022年9月25日　第1版第2刷発行
2024年3月20日　第2版第1刷発行

著　者　村　　千鶴子
発行者　山　本　　継
発行所　㈱中央経済社
発売元　㈱中央経済グループ
　　　　パブリッシング

〒101-0051　東京都千代田区神田神保町1-35
電話　03(3293)3371(編集代表)
　　　03(3293)3381(営業代表)
https://www.chuokeizai.co.jp
印刷／㈱堀内印刷所
製本／㈲井上製本所

© 2024
Printed in Japan